【茅盾珍档手迹】

遊蘇日記

◇茅盾 著

桐乡市档案局（馆）编

浙江大学出版社
ZHEJIANG UNIVERSITY PRESS

前言

茅盾（一八九六—一九八一），本名沈德鸿，字雁冰，浙江桐乡乌镇人。他是我国二十世纪文学史上的著名小说家、批评家，其创作以史诗性的气魄著称，代表作包括长篇小说《子夜》、短篇小说《林家铺子》等。新中国成立后，他担任中央人民政府文化部长职务，主编《人民文学》杂志，当选为历届全国人民代表大会代表、历届政协全国委员会常务委员和第四、五届全国委员会副主席。在茅盾逝世追悼会上，中共中央的悼词称茅盾『是在国内外享有崇高声望的革命作家、文化活动家和社会活动家。他同鲁迅、郭沫若一起，为我国革命文艺和文化运动奠定了基础』。正由于茅盾具有这样的历史成就和历史地位，有关他的档案资料也就成了我们国家一份极其珍贵的文化遗产。

近年来，我们桐乡市档案局（馆）在征集名人档案的过程中，走访了茅盾之子韦韬先生。韦韬先生认为，把家中尚有的茅盾档案资料全部保存到家乡的档案馆，一是放心，二是可以让更多的人到档案馆进行查阅和利用。因此，在经过全面整理后，他向桐乡市档案馆无偿捐赠了茅盾的档案资料。这些档案资料中，有茅盾小说、诗词、回忆录、文艺评论的创作手稿以及笔记、杂抄、古诗文注释、书信、日记、译稿等原件，还有茅盾的原始讲话录音、照片等。

档案是人类认识世界和改造世界的历史记录。借助档案，人们可以了解过去，把握现在，预见未来。我们认识到，利用好这批珍贵的茅盾档案资料，让它通过各种形式为社会服务，对促进茅盾生平、思想及其作品的研究，促进我国革命文艺和文化运动的研究，对陶冶人们的高尚情操，促进社会主义和谐文化建设，都具有十分重要的意义。同时，茅盾的作品手稿，有钢笔字、毛笔字、铅笔字，字体隽秀、飘逸，笔力苍劲、潇洒，如同一幅幅精美的书法，是不可多得的艺术珍品。为此，我们桐乡市档案局（馆）在征得韦韬先生同意后，决定精心选择部分茅盾档案资料，陆续编辑出版『茅盾珍档手迹』系列丛书。

本册《游苏日记》，是茅盾夫妇应苏联对外文化协会邀请，于一九四六年十二月五日至一九四七年四月二十五日访问苏联期间茅盾写下的日记手稿，记录了茅盾当年访问苏联时的见闻与观感。今天读来，仍然让人感到十分亲切和真实。

在本册手迹原稿中，段前标有『*』、『×』号的文字，是插入下一页段中标有相应『*』、『×』号处的修改补充内容。为保持手迹的原始风貌，出版时未作变动，请读者留意。

编辑出版茅盾的档案资料，是我们桐乡市档案局（馆）开展档案编研工作，利用档案为现实服务的新的尝试。这项工作得到了韦韬先生、桐乡市人民政府和浙江大学出版社的大力支持，我们在此表示衷心的感谢！

桐乡市档案局（馆）

二〇〇七年九月八日

游苏日记

十二月五日，星期四，

载着朋友们回去的「登陆艇」渐渐去远了，我站在船舷，心里很难过。这時已经是十二点多，他们要感到肚子饿了；拟一些先发，因为事先没有准备，所以没法请朋友们在船上吃些点心喝杯茶。

宋叔先还留着。从南京来的苏联使馆的随员讓高夫先生是要伴送我们夫妇俩直到莫斯科的，但讓科夫这時还不见到船上来，宋叔兄和克面科夫先生（VOKS驻代表）盼他来了给我介绍过回去。克面科夫很恳切地对我说：「您需要什麼，有什麼问题，都找讓高夫好了。不要客氣。」这一次远航的斯摩尔尼，载去我住平联的外交人员，都就说中国话，不过讓高夫是负责招呼我的。一切啊，一定不客氣，什麼都找到他。」我笑着回答克面科夫：「我打算学俄文，如果也请他教我。」

将近十二点的时候，让高夫终于到了，满头大汗，匆匆谈了几
看样子他这时很忙，今后见过，
向，实权之说："现在我也
要走了！"们出紧地握了一次手。
我说不出什么话。我
走到船舷那吊梯上，我们又握一次手。又和查高科夫握手，我与他
想起他说过"你回来时我大概还在中国，上海或南京"，于
我
是便说："再会，南京见。"握着，苏联驻沪总领事
罗林先生以及罗果夫先生等等，也都走了，一一握过手后，
塔斯社
我与他感到有点晕眩，是疲？泥泥？还是感情太
激动？我也不知道。不过船上确是热的厉害。
吃过午饭，我就到自己房里休息。上船的时候，我穿了皮大
衣，这时只穿一身棉毛衫裤，还是觉得热。
头隐隐作痛，实在也睡不着。开了窗，风又太大，
也不好受，

留
這對于未來就在傷風的住址，也是不好的。

三点多鐘開船了。我站在船的甲板默默望四，想到從此以後，將有許多時候看不到故鄉和中國的利物，得不到朋友們的音訊，不知道他們生活得怎樣，工作得怎樣，——這比什麼都難受。我看着吳淞口兩岸的景色，真有点依依不捨。

船上空蕩，五時晚飯，八時喝茶。我因头痛，吃过晚飯就睡覺。房裡太熱，毛氈把它用不到，我們还把窗子開了。三分之一海上風猛，船身顛簸起來了，稍觉不適，可是人太倦，終于曚曨入睡，直到次晨五時。

（星期五）上午 差不多經过一晚的休息，而我的头痛仍未痊愈。這是向来如此的：一度头痛，總是接連幾天。風浪相當大，船身顛簸，較昨夜為劇，午飯時女客缺席者甚多。我还在头痛，而且比傷风也比昨天厲害些，但我们飲食却比平常。

到甲板散步眺望，茫茫一片，水天相接，不知道这時船到了什麽地方。猜想来，此時正在已过了东北，而以東膠东半島的西前？

极目西望，看不见陸地的影踪，太陽光把海波涛成一片金碧，一切都很和平而可爱；但是我知道在东那边大陸上，我的祖国，东北和膠东，这時正在炮火連天，而為了人民的利益不惜貢献了生命的，有我们的朋友和我们的親人。

入晚风浪漸平。而也不若昨日之热。夜睡甚安。

（风平浪静。头痛已痊。上午已可见对馬島。）

七日（星期二），天氣很好。下午三時过对馬海峡。船傍对馬島行。西望隱々見有小島若干，那是屬于朝鮮的。对馬島甚大，但島上（可以在我们看见的这一边）似乎很少人煙，也少樹木。五時，对馬島已在船後，天色漸黑。到此，全部航程已去甚半。

八時半，船上有電影。片名「高傲的妻郎」，乃十年前

由舊片，[性質屬于]喜劇。電影完畢，又到休息室听斯洛鲍特支考依先生的男低音

獨唱。斯先生是居留上海多年的苏联音樂家，頗負盛名。这次他

回苏联，將在莫斯科及其他城市表演。今晚他唱了三段，皆取

自同一歌劇，名為「皮靴」。我不知歌詞云何，單听他的嗓子，

就覚得很好。唱完一段後，听众都熱烈鼓掌，要求再來一个，

因此他接連唱了三段，都是他自己弹鋼琴伴奏。

八日，星期。上午雖稍有風浪，但还不感到怎

樣不舒服。午後風浪漸大，晚飯時餐室中僅寥寥數人。

船身顛簸，室中物件都滑走碰撞，

入夜風声如吼，又不時有陣雨，簌簌地撲打着玻璃窗；

我們房間的窗雖閉得那麽嚴密，依

然滲水，我們不得不用所有的毛巾來堵这「決口」。我們床下本

本是塞满了箱子的，想不到这时候忽然空出一大块，原来那些箱子好像也怕晕船，挤得更紧了。最难处理的，是一张椅子，它像一匹发了野性的马，跑来跑去，简直无法控制，我打算捉住它，却反被它撞了一交。后来，我们趁颠簸的间歇把这椅子捉住，禁闭在洗脸盆架和床架之间，这才相安无事。我偶然到休息室隔窗外望，真使我大吃一惊，原来天空是一色青苍，月明如昼，但听那吼声，便知风力甚强，白沫喷激如雾，而我先前以为打在窗上的是阵雨，其实是巨浪花而已。浪高数丈，

这一晚到十二点以后，我们居然也倦极而入睡。但这一次的经验使我们知道在海程中最可怕的还不是船身的颠簸而是船身的震动。在和风浪搏斗的时候，好像因为愤怒，斯摩尔纳号时时猛烈地发抖。这种发抖的味儿，比什么都难受。我们被这样抖了一夜，第二天就觉得腰背发酸，好像浑身的筋骨都被抖松了似的。

九日，星期一。早上醒来，仍有腾云驾雾之感，但其实海波已较昨晚驯顺得多了。到餐室中用早饭时，突然看见所有的玻璃窗上都厚积霜花，大为意外。问来这才知道经过一夜的时间，"斯摩尔纳"已经全身披了一层冰甲。船头、外左有走廊，现在这长廊的檐头都挂满了四五寸长的冰箸，宛如水晶的流苏。十一时后，太阳出来了。向阳的玻璃窗上的霜花渐渐消融，但窗架上反而积起更厚的一层冰。船上的孩子们都喜欢用手指刮窗上的霜花，好像趣味无穷。这些孩子们恐怕大部分还没见过玻璃窗上会闹出这样的霜花罢？

外边虽然到处是冰，但室内是暖和的。休息室内因为窗多，温度略低，可是空气也好些，在那里反觉得清凉痛快。

十日，星期二。昨晚就听說今天上午可到海參崴。十一時左右，已見陸，高高低低的山峯都戴着雪帽。下午一時半，到埠。仍泊海中，等候海関檢查。乘這時候，我參觀了船上各部分。三時，海関人員來船上，開始查驗護照及行李。蘇聯海関的檢查據說是十分嚴密的。我看見同船來的蘇聯人內有高級軍官及外交官，都同樣受到嚴密的檢查，但对于外國人，同船來者內有經過蘇聯返國之捷克人及南斯拉夫人，則客氣得多，所以當天六時，外國人的行李都已檢查完畢，而蘇聯人的，則直到下午七時尚未畢事。我的行李完全免除檢查，這是他們特別優待文化人了。

這一天，旅客們都未登岸。听說岸上旅館客滿，還不如在船上多住一兩夜，船上亦照舊供伙食。夜十一時許，睡夢中又听到机器轉動的聲音，這是船在靠碼頭了。起望窗外，岸上灯火万家，並且層層遍高，極為美丽。海參崴跟香港一樣，瀕海有山，而山上有頗多房屋。这晚上，船中水汀依舊在燒，我雨毛氈已不觉暖，需要棉被了。听说海參崴这我天还不算很冷，僅零下十多度，又據無线電廣播，此時莫斯科温度僅有零下五度，比海參崴暖，而米塔则在零下三十度，比海參崴冷。

十一日星期三，九時後陽光普照，天氣实在太好了。但一夜之间，船上暴露部分又掛满了冰箸。室内窗架上積霜花更厚，剑之亦不易脱落。水手持鉄鎚，沿船舷行，敲去下垂之冰箸，廿声東東。船上的外国人旅客已有多人陸續携行李上岸，但海关人员尚未检查苏联人旅客的行李。十一时许，讓考夫先生来对我说，今天下午二时二十分国際通車从海參崴開出，问我想不想今天走。我当然無可無不可，就看他怎樣。因為我知道他的行李还没有检查完了。（苏联海関人员检查行李也是先從外國人開始的，所以外国人有登岸的優先权，而国際通車的卧车票也総先售与外国人）。讓旧苍従々此刻就要開始检查他的行李了，大概来得及。

这樣就决定了当天乘车赴莫斯科！

这次「斯摩尔纳」号上的旅客（连苏联人在内）都是要到莫斯科去的。墨三的通车票不够分配，只好让外国人先走，其次是苏联公民，有几个可以在墨三的通车走，最后才轮到苏联公务人员；我知道这考夫们伴们都得等候下星期一那班车，这固然有伴送我们的任务，故得例外。

午后五时许，苏联外交部代表 Galitskov 先生到船上来，表示欢迎，并谓车票已经买好。通车是六时二十分开，我们于五时三十分下船，直接到车站，在这以前，我们尚可从容先到市内观光。于是斤先生陪我们坐汽车在海参崴的大街一列宁街，兜了一个圈子，并为讲述海参崴市的概况。

五时，仍在船上吃了晚饭。旅行社服务组的主任 Grodinina 女士旋亦来船上，为我们照料行李。斤女士带来一大叶西部汽車，小的坐人，大的装行李。F女士和我们俩坐了小汽車先走，让考夫先生则和行李坐大汽車随后来。先到旅行社，F女士从旅行社取物两盒，然后再到車站，进了边门，F先生已在等候，一同上車，进了预定的房间，每忙中有人来和我们寒喧，一看原来是同船来的旅客，也许是捷克人，也许是南斯拉夫人，其中一人能说中国话，一人能说英语，他们的房间和我们的是隔邻。此时离开車仅十一二分钟，而让考夫和行李尚未到。F先生和F女士出站上到处找亦不见。于是决定我们放弃这班車，改乘后天（星五）的通車，因为行李不来其事尚小，下次車子可以带往莫京，而让考夫亦不能同走，则我们两个哑巴实在一无办法。当时我们猜想起来，让考夫的車子一定是在来路上发生障碍，耽误了这么数分钟，后来知道果然不出我们所料，他是在码头出口处被阻，那里有一部卡车抛了锚，而同時被搁浅的大小汽车又有五六辆之多，這樣就耽误了宝贵的時间了。

等路出来，F先生送我们到「巴留司金旅馆」，並为我们开了房间。这旅馆是国营的，旅行社即設于此，（苏联没有私人经营的旅馆），这是海参崴数一数二的大旅馆，专门招待外国人的。「巴留司金」是苏联有名的一艘破冰船的名字，一九三八年在北冰洋探险時出事，旅馆取这名称，是含有纪念的意义的。

十二日，星期四。今天我们在旅馆整理日记，没有出门。房里暖和，太可意了。傅考夫先生和杨女士还嫌我们现在住的这间房不够漂亮，请我们搬到另外一间，那里有收音机，有電話（三具之多），但我们不愿意。因为那边陈设虽较好，却是朝北，没有太陽，而我們現住的這一間，整天都有太陽直晒了大半間屋子。這間房頗為高大，正像旅館整個建築一樣，儼然堂皇，快乎古國之風。我們房外的走廊有那麼寬，直是個跳舞場。這座旅館的房子我想來是從前帝俄時代的遺物，說不定還是什麼貴族的私邸，可惜沒有時間去考查了。請教于嗆先生了。

十二月十三日，星期五，晴。今日下午要坐火車走了。上午在旅館整理行李，並將日記（五日到十二日的）及短文兩篇（「斯摩爾納」与「海參崴印象」）先寄冉君（上次我把他的中文譯名誤為讓考夫，但他有正式中文譯名，則為冉克夫），托他寄給「斯摩爾納」帶上海。聽說「斯摩爾納」定於十一（或十九日）開上海，那麼，也許我們到莫斯科那一天正是上海朋友接到我第一次通訊的時候罷。

午後五時，我們的行李上汽車。行李從旅館搬到門外的汽車上，都是冉君和他的朋友出力，往來數次，汗流滿面，我屢次想分任其勞，都被冉君客氣地阻住了，我看他那樣辛苦，心裡實在不安。當時我想：要是行李搬上火車的時候也必須自己動手，那麼，冉君一定要累壞了。後來車到了站，看見有搬運夫，這才我鬆了口氣。

十四日，星期六，陰。但高空有一処較為明亮，似佛頂之光圈，這就是躲在雲層後邊的太陽。這景象，使我想起了「霧重慶」。不過，極目四望，只見白雪，這又提醒我，這是北國。

在西伯利亞的冰天雪地中，火車是有特別設備的。所謂「國際臥車」，內部相當華麗。我們是二人一間房，連有盥洗室，兩鄰室合用，每有一門通入。盥洗室有冷熱水龍頭及洗臉盆，進室以下键，两面之门就都不能从外边开了，而此两门上都装有大衣镜。车中甚暖，温度常在摄氏表十五度左右。车窗皆为双重，但外面的一层经常结冰，故视线不甚清晰。这是初次经过西伯利亚，欲观赏此国风光的我们，大感扫兴。

下午一时，过一小站。月台上有三五老妇人，站成一排，面前地上放着铅桶和小麻袋，铅桶内露出一些瓶颈，麻袋则倒捲其口，让人看见袋内何物。她们显然是来卖这些东西的。另有一老人走来走去卖的是小煎饼。老妇人们的东西很少人过问，可是她们却都向那老人买了煎饼，藏怀中，一想来那饼一定是冻得很硬的。

沿途常见有三五不等人持铲清除铁轨上之积雪。

三时至伯力，这是一个大站。列车在此停留约半小时。我们下车，逛车站看看。（苏联之车站进出都不用月台票）。站中军人极多，好像都是乘车的。站内一室挤满了人，四壁贴满图表甚多，都是关于新五年计划的，看那情形，极像一个小型展览会，但室内是军人专用的待车室。

站内站外往来的军人胸挂勋章三四枚者很多。

到餐车进午饭。一汤，一鸡，一咖啡，不知共需代价若干。

再君负责招待我们，饭钱是他付的。餐车只一节，不甚华丽，需在银幕上见过这条线上战前的餐车，那就逊色得很。

十一日，星期。八时才醒来，天尚未明，因原睡，九时才起身，则已有太阳光照射窗上，其色特黄。

伯力俄名「哈巴洛司克」，因「哈巴洛夫」得名。哈巴洛夫是第一次带着哥萨克骑兵来到这地方的，他在此地（时在一六五一年），即今伯力城附近搭帐幕过了一个冬。这伯力有一条铁路通到有名的「少共城」，这是重要的工业区，也是新建造的革命的城市，完全由少年共产党员所建造，故得此名。

下午，列车在一中等车站停靠时，餐车中之女侍携篮下车，立刻为群众所包围。女侍篮中有的是饼干、香烟等等，是放在餐车中出卖的，现在则扩大其活动范围到月台上了。包围她的群众有来自同列车其他各车厢者，此一列车共拖车厢三十四节，而餐车则在列车中段，凡在列车两端之车厢因离餐车太远，旅客们惟有在车停时下车绕道自外面进餐车，也有携来物站上出售的农民。和我们同一车厢的，有一荷兰或丹麦籍的绅士，其妻则为俄人，他们是取道苏联回国的，这时，他们俩站在车内窗前看见那麽的人包围了餐车的女侍，甚为惊异，后来明白了这些人都是抢买那女侍篮中的东西，那位太太就用英语对她丈夫说道：「我以为那些农民是来卖东西的，那知他们反把女侍带下去的饼干糖买一空！」说着她耸耸肩膀，好像看的很不顺眼。既而车又开行，女侍挽着来空的筐子上来，经过这一对高贵的夫妇的身边，他们的女公子约十三岁上，见筐内有巧格力糖，即以俄语询其价目，不过那位太太就大生其气，用英语斥其女道："干么你这样馋？多少高贵的巧格力你都吃厌了，怎么你见了这样的便宜货又馋起来了么？"于是那位女小姐也想起了自己的身价，把一块已经拿在手里的巧格力丢下，掉头而去。

今天是整天的好太阳，整天在无边无际的平原上跑，整天只见黑沉沉的连绵不尽的森林，而在黑沉沉中时有白点，那就是小块的林间砍伐地，在春夏大概也是一片碧绿，但现在却都是银妆，和森林区别得十分清楚。

十二日，星期一，阴。远东有名的狄太白斯克的古城「别罗比兹山」，大概是在昨夜经过的。这狄太白斯克是一九二八年就成立的。现在他们不但開启了農業，連工業也有了基礎了。

昨夜車中較冷。夜间屢醒，不能酣眠。八時許，（回我们的傢，那已是海参崴时间）八，全車廂内在沉々睡鄉，我们已不能再睡，起来看々窗上结冰甚厚，（这是前昨兩天所未见的），又不知天已亮否，只得再躺下。

九時以，車進一站，停了。时為清晨，站上售食物者甚多，列車上的旅客都紛々下去買東西。站上尚有另一列車，則為從伊爾庫次克開往海参崴者。在这里，也和过去各站所见一樣，餐車的女侍擠下車後，立即被許多人所包圍，竟把她那筐子裡的餅干搶買一空。搶買餅干者大半就是在站上售賣食品的農民。我想々这些售物的農民是和小販不同的，他们不过乘这農閒，把他们剩餘的農產品来車站出售，他们並不是買了东西来作些營生的。他们脱手了自己的东西，便買些他们所没有而喜欢的东西——例如餅干。

今天车外风景与昨天又不相同了。昨天所见之丰厚与森林。今天则近处为森林，而远处森林背后即为连绵不断之山岭。山上并皆有树林，惟不甚密，把那些大山都变成了癞头。

到今晚，据说已走了三千公里左右，即全程三分之一。

十七日，星期二 晴。昨夜车过赤塔，停留多时。赤塔据说是最冷的地方，此时温在零下（摄氏）三十到四十度。好在白天，我们或须还有勇气下车去看看，今晚如半夜，自然惟有听听车外嘈杂之人声而已。

今天好太阳。一路所见仍是高山和森林，不过山比昨日所见者更高而森林亦更茂密了。车中之寒暑表指明：今日车中温度为摄氏八度，怪不得我们觉得有点冷了，车窗玻璃上结冰自不必说，（连日都如此），並连窗槛上也一律形成都积霜。

而且整天未熔化。不过车上有窗上结冰，离窗甚近之十几上

便不是这样的。

十八日，星期三，晴。天未明前，经过若干山洞。到车昨夜

绕着贝加尔湖走，这在夏季，便可观赏贝加尔湖的风景。可惜今

在冬天，又是夜间，有负此名胜之区。

贝加尔湖。清晨，到达

我们在车下车。此处有贝加尔湖特

產之白鱼，燻後出售，味甚美，尺许长者十五卢布。

今天似较昨日大冷。所过之处，凡有树木

皆结满霜，远看像开满白花。这是我在迪化时就见过的，当地人

称这为「挂枝」。

十九日，星期四，晴。太阳之似乎特别黄些。早起，见窗上

结冰较昨日为厚，因此猜想车外必较昨日为冷。但车内则

因用了好煤，水汀發揮威力，昨夜特暖，车中寒暑表升到十七度（摄氏）。故到午后，窗上所结之冰花已全部消化。

今日所见，不是大平原了，而有森林。下午过一小站，站上有小小园子，树上皆挂浓厚之霜花，夕阳的红光却又把这些霜花染成了粉红色，真好看。车内窗檐上的竹形積霜甚厚，像一小小的白绒球，也很别致。

二十日，星期五，晴，整天好太阳。听说车外是零下四十五度，但车内是零上十五度。

薄暮到新西伯利亚站。新西伯利亚为这方大城，又为交通枢纽，（通铁道塔什干），故车站规模甚为雄壮。我们的列车停在中间轨道上，其旁即为另一列车，挂车厢甚多，我们绕着走了半天，方才越过它而进了车站。这是五层的大建筑，两端作塔形，别为十層。站内人山人海，或排隊而坐買票，或竟無地停行李而坐，似将在站中过夜。我们在站各大厅走了一遍，到处擁擠不堪。站内的壁上大掛鐘不知是停了呢或而在走，但分明指着二時二十分，令人纳罕。我们各相拟以為是我们的海参崴时间，可是一看天色已黑，而此大掛鐘尚為二時二十分，就不敢相信它了。拟行车时间表，我们应于当天午後二时许到新西伯利亚站，现在已经误了点。

二十日，星期六，晴。昨夜车中較前夜為熱，窗上積冰完全熔化了。此因车外氣候亦較前数日略暖，我们已过西伯利亚最冷的区域，漸入了暖境了。暮色蒼茫時，到鄂木斯克，这也是大站。車未进站时，即有多人穿好衣服，準備下車去呼吸新鮮空氣，那知車停下来後，我们到車门口一看，才知道我们这一列車这回又夾在中间，左右即靠近車站这一边，是从莫斯科开来的，也是"口际卧车"，挂车厢三四十，长到望不见头尾。至于我们右前的呢，也是长长的一列，可不知道是什么车。而在我们和那一列莫斯科来的"口际卧车"之间，尚有一车道，那时虽然空着，但远远有忽像雷之"龙头"一架，喷汽而露，似乎要冲进这空着的车道。我们前后左右张望了一会，终于下车，可是不敢走远，只在车下轨道旁边那"雪堤"上走来走去。这所谓"雪堤"，想来最初不过是从轨道上扫开来的一些雪，不成为"堤"形，但积少成多，现在十足是一条"堤"（有三四尺高）。同车厢的几个小孩子想下"堤"去，一个个都滑倒了。

我们再屈从"堤"上走了十多丈远，拣着不大陡的地方，下了"堤"，越过那空着的车道，走近那一列莫斯科来的"口际卧车"。事有凑巧，这一列车此时竟然开动了。于是我们便等它走过，很容易地就到了站上。鄂木斯克乃為工業重鎮，车站建築却不十分雄壮。这是很长的一排房子，仅二層。站前有個像二，毋不甚高大，一为少女打高尔夫球之姿態，一为少女手捧穀物作呈献之状。我们想进车站去观光，可是一看那有人进出的门每一次推開便像揭開了蒸籠蓋子似的，热汽奔腾而出，料想站内必就很擁擠，就不想进去了。

二十二日，星期，晴。昨晚车中飲水及用水都在规定时间以前用完。我们睡的很早，半夜醒来，再也睡不着了，忽而车停，车中電灯即滅，暗中偃卧，闻车顶有脚步声甚沉重，想来是有人在给我们这车厢加水了。约一小时后，车又開動，電灯復明。

今天外層的玻璃窗上结冰甚厚。但内層窗上則连稀薄的霜花也没有。前两天内窗常常结冰，我们用刀刮去，一天须刮数次。但现在是外窗结冰，我们就没有办法了。整整一天，我们看不明白车外有些什么，仅知经过的是莽莽平原，而人烟亦断稠密。现在离乌拉尔已不远。估计火车不误点，可在白天看一看此欧亚分界处。不过我们这一路上无此眼福。冉君来告，后天可到莫斯科。这是照行车时间表算的。

二十三日，星期一，阴。乌拉尔是昨夜经过的。我们这班车，到新西伯利亚时，已误点三十时，以后每站都有延误，明天即能到莫斯科也在夜间了。

二十四日，星期二。晴。昨夜车中燥热，窗上积冰全熔。据说今天到不了莫斯科。车中缺水，十天未曾好好洗过一次脸，满以为今天可以痛快地洗个澡，谁知道又须等到明天了。

上午问冉君说，离莫斯科尚有一千公里。

二十五日，星期三，阴。昨晚已知今晨六时可到莫斯科。六时离天亮尚有三小时，我们以为必待天明始能下车。那知今晨四时，即闻同车旅客纷纷起身整理行装。俄国冉君来叩门，谓五时车可抵站，即须下车。于是我们也起来，略吃一点面包，即收拾行李。摒挡就绪，而车已进站。冉君先下车去看看，旋即回来，说VOKS代表已到站迎接。我们随即下车，与VOKS副会长卡拉介俄夫先生等三人相见。对于卡先生等深夜到站迎接，我们表示感谢。旋即出站，由VOKS东方部主任叶洛菲也夫先生陪同到了底伏利旅馆。叶先生能说中国话和英语，我们谈话极为方便。他招呼得非常周到。六时许，叶君辞去，并约十时再来，我们同进早餐。我们的洗澡，十多日来，此为第一次过了大盆热水，真比什么都愉快。洗澡后我们躺在床上市場大门有新年老人(即中国传称之聖诞老人)駕三馬之車,運禮物来的巨大模型,两旁为古式之塔,中有古装之騎士,一切都洋溢着一番童话世界的氣氛。

休息一会儿,天也亮了,看钟已九点多。

由车站至旅館途中,使我们深感驚異的,乃是在这样的深夜(晨五时许,在莫斯科冬季之晨,尚然可说是深夜),街上行人颇多,而無軌電车尚在開行。

下午在旅館休息,並整理帶来之书籍。五时,肇光兄来,同進午餐。後又同到街上散步,到了红場,又参观了附近廣場上的新年臨时市場,然後回旅館。

新年臨时市場,由國營商店等主办,所售多玩具及新年用品。場中有大松樹,上綴红绿電灯,五光十色,远远地就看得见。場中售物之臨时小屋皆模仿古代建築形式。入晚,場中游人及顧客肩摩踵接,熱鬧非凡。听说这样的新年市場在莫斯科有好几處,而在普希金廣場之一处则门面及售物小屋都依照了普希金童话而设计的。

十时进晚餐后，即就寝。

二十六日，星期四，阴。晨六时醒后即不能再睡，乃起身整理日记，检出应送交VOKS的一部分。又将朋友们托带之事，皆作一节要，以便提出。盖预定今日下午三时拜访VOKS会长凯美诺夫先生。

十时许，叶君及安君（陪着）归来。旋即同赴「红军战利品（武器部分）展览会」。车过莫斯科河，见河水已早结冰，上积雪，远远看到塑像一路。展览会在「高尔基文化公园」，内容极为丰富，然仅大炮坦克飞机三种，此因莫斯科冬季那样的气候，利于露天经多日雨不受损者，惟有这些钢铁的傢伙。伊凡诺夫砲兵少将及其他数军官陪同参观，并详为说明。先是来到展览会时，天已飘雪，至此时并不甚大，而不停止。莫斯科每逢下雪天是不会怎样冷的，今天当然不算冷，（仅零下五度，摄氏）无奈我们事前没有问明展览会是在露天的，因此穿衣太少，皮大衣内仅穿绒线衫，看完了大砲部分，便觉冷不可耐，可是这里每一件武器都代表一个英勇的故事，而伊少将的说明又是这样生动有力，甚至子[illegible]出题，我们就连冷也忘了。

看完了地面部分以后，伊少将恐怕我们受冻，请我们先看另一部分的战利品，那是不[illegible]武器而是敌人的服装，勋章等等，陈列在一所好像是厂房的大屋子里。然后又看高射砲和飞机。

吃过了茶点以后，从伊少将的办公室出来，已是午后二时半，急回旅馆取了书籍，便到VOKS办公处去。

关于「红军战利品展览会」，我另有一文纪之，但不可不有一二言略纪伊凡诺夫少将。他是一位青年将军，中等身材，圆脸，很有风趣，如果不穿军服，我不会想到他是一个军的炮兵司令官，他的炮队是从[illegible]他的[illegible]在攻开始，攻入德国国界，一直攻到柏林，攻进希特勒的总理府的。我去参观题名簿上写了我们的感想的，也请他给我写几个字留纪念，他的字迹可是秀丽极了，我猜想他要是去开大炮来干我们这一行，也是个出色的人物。

三时到了VOKS，离约定时间已过一小时，有劳凯会长等候，十分抱歉。相见之后，少不了有几句寒暄。他先问起郭先生，我转达郭先生问候之意，又代曹靖华先生戈宝权先生问候。接着他就问我的游览参观计划。我把我想参观的文化机关和社团和想访问的作家，大概说一说。他也提出他所注意要参观的方面——关于妇女和儿童的。凯会长表示：他一定竭力使我的游览参观计划一一实现，并且盼我们去参观文化机关与团体以外，多与一般人接触。对于妇女在苏联之地位及革命后妇女解放之实现过程，他也有说明，并从我们此次在参观中尚可见到妇女之能表现她们自己的能力。执今年又特别提到：中苏两国文化交流之加强对于两国人民友谊之增进有莫大助力，对中国文化界朋友在民族解放战争中艰苦卓绝的奋斗表示深切的敬意，并说中国文化有五千年悠久之历史，中国文化之光大发扬对于世界文化之前途实有伟大的贡献。

谈话告一段落，我把国内友人委托询问的事项，逐一提出。他都允为尽力。最后，我又说明我所带来的书，乃中国出版家及作家们所赠送，并面致简明书店和商务印书馆的信，以及郑振铎先生赠送他的《诗馀画谱》。他感谢国内各出版界及作家们的厚意，对《诗馀画谱》尤感兴趣，因为他对东方美术是研究有素的。他把那一百多种书逐一检视，翻到《中国史纲》第一卷二四九页所附插圖，（這插圖總題為「殷代青銅器上的回紋之淵源」，內分五圖，一，馬廠期陶瓷形部之回紋，二，辛店期梳狀陶瓶形部之回紋，三，殷發器上之回紋，四，周四足方形雙管器上之回紋，五，周携器上之回紋），就說：「這跟希臘古代陶器的圖案文有其共通點。五殷到五時代上，這些比希臘的還古，這一點頗堪重視」云云。

与此時，從VOKS出來，即回旅館作晚餐，飯後又到「瑪雷戲院」看高爾基的「小市民」四幕劇。（按「瑪雷」在俄文為「小」之意，直對「飽舍希戲院」而稱，「飽舍希」在俄文便是「大」的意思。）瑪雷戲院原址在「大戲院」對街，二層之舊式建築，門前有奧斯脫洛夫斯基銅像，現正在修理，故借用了原來的「兒童戲院」的場子。我們到時尚開幕僅數分鐘，樓上樓下均已滿座了。（這戲院不算大，）我們的座位在樓下前座第四排中間。樓上共三層。（全院座位約）共千餘人。數百高爾基的作品，從前讀過，還有些印象。又承翻譯史君幫忙，在演出時，幾乎把每一段重要台詞都譯給我聽，所以不懂俄語的我居然也看得津津有味。按「市民」，或可譯為「市儈」，是高爾基第一部戲曲，一九〇二年為「藝術戲院」寫的。上演前，劇本即已風行全俄，一年之中，再版十二次，共銷五萬部。因此，本劇在莫斯科首次（一九〇二年十月廿五日）上演時，觀眾爭先恐後，都以先睹為快，而警察見于此劇煽動之甚，亦嚴為戒備。不過演出後反應失望，僅演二十三場即告終止。原因是那時的演出無甚了此劇的基本思想——「新舊人生觀之衝突」——而僅渲染了個別審勉從夫家庭的故事。十月革命後，此劇屢次演出，都極受歡迎。一九三五年紅軍大戲院演出此劇，由瓦·吉連西代導演，尤博盛譽。此次瑪雷戲院的演出，係由阿歷克舍·迭奇依所導演，他

抓住了高尔基从前说在剧本意义所说过的话，来处理这剧本，结
果自然是很精采的了。高尔基的话本意是这样：「在我们周
围，在我们中间，市侩们的存在像泡沫。……演此剧本时
须把市侩们的可憎的本质暴露出来，而使观众对于
市侩思想深恶而痛绝之。」
高尔基以别赛勉诺夫这典型人物暴露了市侩们的人生观：
人生目的无非为利，拜金主义的，代替别的主义，吝啬金钱，教导儿女遵循祖
先父之生活方式，不得违逆。可是，生活的发展自有其规律，已颠
覆了市侩们之道。不但在别赛勉诺夫家庭之外，生活已起了
变化，即在他家庭之内，也同样爆发了风暴，结果，众叛亲离，
只剩下自私的愚蠢的活物一对对别赛勉诺夫老夫妇俩！
演出时，观众时时热烈鼓掌。演员皆一时名选，技艺之高超，不愧文学

我看僅看其姿態，也頗覺笑。灯光佈景等等，也都很好。

十一时半，戲完，我們步行回旅館，五六分鐘即到。从热的戲院出来，在零下五六度的冷空氣中走這麽幾分鐘，实在很痛快。

二十七日，星期五，陰。昨夜倦甚，反而不能酣眠。一时许上床，四时即醒，不能再睡，挨到六时，只好起来，在電灯下写一短文，此乃应「文学报」之請，因為是新年發表，所以我就题名為「恭喜新年」。八时，我將文協總会交我轉致蘇联作家協会的函也交過去，以便他們譯出後刊登。

十时半，史君來，即陪同我参观列寧博物館。我本來就料到列寧博物館一定每天有許多人去参观的，却料不到竟是门庭若市，而且来者絶对不是「参观」，乃是学習，乃是研究。

在那二十二大厅中巡视了两小时之后，我不禁这样想：「今天来到此博物馆的一千余人之中，恐怕只有我们这一行四人才不过是参观而已。」其实要说来，真要做到名符其实的参观，不但两小时不够，两整天恐怕也不够。（关于列宁博物馆，我另有一文纪之，此处不赘。）

从列宁博物馆出来，便到「红军博物馆」。「红博」虽比「列博」小得多了，可是我们也化了两小时之多，方才「走马看花」地巡游一周。「红博」当然也和「列博」一样，教育作用极大，参观详情另文纪之。三时回旅馆后，不再出去，十时就寝。

二十八日，星期六，阴。昨夜睡眠尚佳，今日上下午均在旅馆整理笔记。原定今夜十一时参观「真理报」，预计参观时间约三小时，则回旅馆就寝已是早晨四时，为避免太疲劳，六时午餐后即先睡一会。

不熟，九時即起。十一時左右，葉君與史君來，同進晚餐後即
赴真理報館，先與編輯部一君等數人就該報之組織，發行，編輯方針等等
談話了二小時多，這才到印刷所參觀。印刷所是最新式裝備，
自不必說。可惜為時尚早，僅排字房在工作，遂從旁[illegible]之「自動輪帶」
寂然不動。陪同參觀之解說者特表惋一番，這算是我第一次看
到 Conney 裝備自行動作。以前，我只在電影
裡見過。關於「真理報」，另有文紀之。

二十九日，星期，陰。昨夜四時就寢，然而不時即醒，以後迄未
能酣眠，挨到十時，不得不起來。下午一時後繼續睡午覺，
也僅朦朧片刻而已。五時許，葉史兩君來，同進午餐後
即往中央紅軍大戲院觀「斯大林格勒的人們」。紅軍大戲院
是革命後的新建築，規模壯麗，入大門即為存放衣帽處，

经过数间，长檐之引辟，其前宽广，可以跳舞；进剧场须先上楼，有三级通楼上，楼梯极阔。休息处（大约是室）即在剧场外，（有沙发坐椅，）并俾人继来其中，不觉拥挤，墙上大幅油画，皆描写红军战绩，其中有关于苏联国内战争者。剧场内座椅宽阔，一律为红丝绒软垫。我们的座位在楼下前座第三排中间，回头仰视，但见层层高起之座位如峰峦叠嶂，最后一排已接近楼板，而楼上还有两层。

七时卅分，全场电灯改熄，先闻鼓声与炮声，接着是雄壮的进行曲，有电光自座后来，射幕上，成为俄文之「斯大林格勒的人们」大字一行，同时除有动荡之黑色光波映于幕上，作为此一行大字之背景。黑色光波大概是象征着伏尔加河的汹涌的波浪的。此时还间雄壮之合唱，间以军乐。歌毕，

幕前，则为伏尔加河畔一道人之山崖。斯城远远在望，德军轰炸

机正炸毁河上之舟船。按斯城保卫战役，经过百余日，红军以少数

部队坚守斯城，虽城逐街逐屋之巷战，城中建筑被毁■殆尽，

而守军终不后退，同时红军集大部队则已包围攻城之德军，数

度激战后，终于击退来援之敌，完成包围圈，一举而歼俘敌

军三十余万人，德虏司令元帅以下将领■数百人束手就擒。此剧所写

者，为死守城内部队之英勇事迹。全剧导演异常，灯光布景皆

极尽匠心。第二幕尤为壮丽，隔伏尔加河，遥见斯城■大火，烈焰

奔腾，黑烟冲天，情态逼真。而炮火之轰击则不但有声，且

并有光。■「喀■秋莎」炮射时火星飞溅如雨，观众大鼓其掌。

十一时半回旅馆，即就寝。

三十日，星期一，晴，飘小雪。今日转冷。

昨夜尚稱酣眠，但因連日疲乏過度，今晨九時起床，猶有睡
意。下午一時訪問「火」雜誌社（因此因身体不適未去。）該社編輯部所在之大廈，即為
真理報。是日，莫斯科多數刊物之編輯部均在此大廈，
例如有名之「鱷魚」週刊。「火」與「鱷魚」即在真理報印刷所
內印刷。「火」俄文為"Огонёк"，直譯為「火」，但有星星熱烈之
意，而該雜誌（週刊）亦名副其實，做到了迅速反映現實，健全活
潑，的確為大眾。（「火」雜誌現印銷十五萬份，但讀者需要，遠在此數以上。）編輯主任為詩人蘇爾科夫，曾得斯大林
獎，現年已五十餘，但該社動作卻和年青人一樣熱烈而天真。
他說：「我們要滿足讀者需要，『火』印五百萬份，亦不為多，希望將來擴充印刷數量。」
「火」編輯部共有二十七人，其中過半數為特約記者及赴會、
聯系各地搜集材料之通訊記者。今天出席的約二十餘人。蘇爾科夫也出席，
其人皆為五十餘之老作家，但其編輯部中百分之九十為新進一代
之青年作家，而且多半曾在前方服務，因功得勛章者亦不少。

少，今天出席座谈的，就有不少人都已穿了军服，佩带勋章。

谈话继续二小时之久，并进茶点，谈话时该社摄影记者并摄影多帧，以留纪念。柯尔科夫先生请我为「火」写一短文，我也答应了。他又送我「火」合订本二册。该社编辑V.克利玛辛（[illegible]）（他是画家，战时又在炮队服务，在前方作战，有功受勋，年纪很青，不过二十多岁），又把他所画的题名为「敬礼——斯大林的炮兵！」签了名给我作纪念。这是很大的一幅，画的是莫斯科祝捷时放礼炮的火花，彩色精印，十分可贵。（关于「火」杂志，另文记之）。

从「火」编辑部出来，我们就到了「鳄鱼」编辑部，和十多位画家，记者，作家，幽默也来了一个小小座谈会。「鳄鱼」是画文并重的周刊，出刊已久已闻名，该刊专登漫画及短小精悍之幽默的或讽刺的诗文。因为是老幼咸宜，雅俗共赏的一种刊物，故该刊每日收到读者来信极多，这些来信或对政治社会各方面的现象表示個人的意见，（这些信也有些登在刊物上的，而大部则转送各有关机关和社团，供他们参考），或对该刊所登的文赞美、或指摘。「鐘声」编辑部每周开会一次，讨论下一期刊物之内容。现在每期印十五万份，也是供不应求。第二次战争时，该社编辑及每期撰稿人百分之八十都赴前线服务，出版了「前线幽默」。又该刊每周并附小册，总名曰「小图书馆」，选印苏联及外国之篇幅不多的文学作品。但此种小册，并非赠送，仍须订阅。现在每册印十万份。为什么要印这些小册子呢？因为战时苏联人民個人所有书籍，损失甚多，为了补偿这损失，国立出版局及其他出版机关同时在印刷，而各杂志社也在帮忙。例如「火」杂志也有附刊，每期一册，那可是大书了，有厚达数十万言者，如法捷也夫的「青年近卫军」。

「鳄鱼」编辑部同人问起中国有没有像「鳄鱼」那样性质的刊物。我只好回答：还没有。可是我告诉他们：近年来，中国漫画极为发展，漫画家有自己的团体，——漫协。漫画家丁聪、叶浅予、高龙生、张乐平、沈同衡等，他们的作品在内容和形式上都是很进步的。（中国漫协托我带给苏联漫画家的信，我已经交给VOKS译成俄文转去，但今天所遇到的漫画家们似未及见此信）。他们又问中国的漫画有没有单行本。我不记得我们已有漫画单行本，我告诉他们：木刻在中国也极发达，有木刻选集。他们又问了许多话，其中一个问题是：中国有没有专门写幽默和讽刺文的作家。我说：在中国报纸和刊物上常有幽默和讽刺文章，但不一定是「专家」写的；中国的旧社会的矛盾太多也太突出了，前进的作家们少有笔端不带讽刺的。

「鳄鱼」不刊登木刻作品。今天会见的人们中间并无木刻家，所以我从国内带去的「木协」的信，「木刻选集」及其他许多木刻作品都没有拿出来。关于这一部分材料，要请人加上俄文说明后先给苏联木刻家传观，然后再找机会和他们座谈一次。国内的漫画作品没有带出来，乃一大憾事。但我要求他们为我收集苏联漫画的单行本，以便带回国内，他们已允帮忙代为收集。

回到旅馆。晚间为「大」新闻写一篇文，名为「中国民间艺术之新发展」，略述陕北及华北解放区之秧歌戏、快板等等的新发展及其教育的意义。

三十日，星期二，有小雪。昨夜二时始就寝，今晨九时起来，见浴室水尚热，遂又洗浴一次。昨去水不热，草草洗一下，幸未伤风。

上午未出门。下午二时，VOKS在旅馆的餐厅中设宴，介绍我们和苏联作家（在莫斯科者）会面。此时VOKS方面到副会长卡拉介诺夫先生及委员长伍司洛娃夫人等，苏联作家到者为吉洪诺夫、李昂诺夫（剧本《侵略》之作者）、索尔拔托夫、苏尔科夫（即《火》的主编）等人。（法捷耶夫在郊外休养，西蒙诺夫在南俄养病，是日均未见）席间随便谈话，绝不拘束。将及终席，李昂诺夫（用英语）说：三十年前，他还是个小孩子的时候，莫斯科有中国人要把戏的，他也学会了一套小戏法，不知现在有没有忘记。说着，他就表演了「仙人搬豆」。（手法确极纯熟。）在座者都鼓掌赞美。吉洪诺夫和我并坐，他还记得我在一九三四年翻译了他的长篇小说「战争」，特对我提起。五时席散。

晚七时，到中央职工会大厦观看「莫斯科中小学生寒假文化娱乐」。这是苏联职工会主办，目的是利用十四日之寒假，给中小学生以集体的文化娱乐。莫斯科市外，全苏各大城市都举行同样々催期娱乐，都由职工会拨款主办，其在莫斯科举办者，预计十四日内参加之中小学生将达二十万名之多，上午为小学生，下午則为中学生，晚间则为高中学生。

今晚的正式节目为「欢送旧年，欢迎新年」。在职工会大厦内有名的「圆柱大厅」举行。六时前，职工会大厦已经到处挤满了男女青年学生，三五成群，来往々々，各就所喜，作种々游戏。（职工会大厦除「圆柱大厅」外，各室皆布置游戏工具，使成一大游戏场）。七时，「圆柱大厅」的门开了，学生们鱼贯入场，幼年者在前，年长者居后，進場後圍繞厅中之大松而立，大松（即新年树）高十余丈，满缀五彩电灯，金银缨络及纸板制之熊，猫，雁，飞机，飞艇。与此大松遥々相对者为「童话世界」之楼台，拾级数十而上，高达屋顶。軍乐奏了三遍，楼台之门已开，走下来一「猫」，一当然是人扮的，可是装扮的真好，随後是一对一对的少男少女，都穿白[illegible]色的纱衣，背上有飾以翅者，想来他们都是「金童玉女」之類。復次有白熊，狐狸，羊，兔，（都是中孩子扮的），纷纷而下。最後，「霜老人」（即中国俗称之聖誕老人）下来了，乘熊車繞場一周，即宣佈「辭歲」之典礼開始。此时場中電炬俱明，而与楼台相对，高懸文之斯大林画像，亦焕發之眼，微笑俯视。满場鼓掌声如雷。这以後，就是各種預定节目，—跳舞，独唱，角技，層出不窮。而每一节目之後必間以自由跳舞，[illegible]使男女学生欣赏之後亦自作娱樂。九时许，节目已过一半，乃有党、政、文化各界名人之講話，都勉勵青年学生努力和学，俾将来成為祖国建設人材。

十時，我们[illegible]回旅館。預定节目中尚有精采之「百獸率舞」，「迎新年」，及摸彩，皆未及观。

回憶今晚所見，数千青年男女健康而快樂的[illegible]面貌，给我印象极深。这些青年，来自苏联社会主义大家庭的各民族，他们是有福的。他们受到政府的爱护，受到社会的尊视。他们的祖先父曾不惜肝脑涂地创造了社会主义的乐国，因而他们这年青的一代现在不怕失学，将来也不怕失业，只要他们努力上进，有才能，他们不怕没有发展的机会，他们都是社会主义建设的后备军！

这样想着，我兴奋得不能入睡了。我为这些年青人祝福。同时，我又觉得：在一九四六年的除夕的夜里，我看见了这样数千的新世纪的主人们，也许是一个吉利的朕兆，预兆着我祖国的年青的一代在不久的将来也能够从黑暗中冲出而得到了温暖与光明，并且与苏联这年青的一代携手共向人类的理想社会而迈步前进。

一九四七年一月一日，星期三，有小雪。上午十一时到大使馆拜年。下午在寓休息。晚七时，叶君来，陪同参观地下铁道。莫斯科"地铁"也車站建築之雄壯華丽，久耳其名，今得親遊，不勝愉快。

莫斯科「地鉄」有兩綫，一是战前建築的，一是战时建築的。各車站之構造及裝飾各有各的色彩和格調，既莊嚴華丽而又■■。战时所建築之綫，通过莫斯科河底，工程尤為浩大。各車站之裝飾，亦都帶战时色彩，壁上大都表現飛机、坦克、大砲、机關槍等製造廠之一角，亦有表現战場風光者，雕塑均極精工，足見其在战时，亦不草率敷衍。

「地鉄」每天載客三十至四十万人，每列車廂六七个，坐位很舒服。每列車中又必有専供老年人及兒童乘坐之車廂一節，用意在使他们免受擁擠。其实「地鉄」列車班数甚多，差不多每一分鐘即有一列開过，如果你願意多等三四分鐘，則你不感擁擠之苦。

十时回寓，進晚餐後即睡。

一月二日，星期四，晴。八时醒来，九时起床，这时天也亮了。今天有太陽。據說莫斯科冬季每遇晴天也甚冷，但室内温度天天一樣，不出门是不会知道冷的。

十一时，傅大使偕胡济邦秘书来寓訪拜。

下午五时半，赴苏联作家協会之茶会。出席者有法捷也夫先生（苏作協主席），童話作家馬尔夏克及其他著名作家二十餘人。这次茶会，除介绍我与苏联作家见面，並談談（在莫斯科者）两国文壇情形。苏联作家对于中国人民為求自由解放所作之艱苦鬥爭，极表欽佩，因而对于中国作家与人民爭取民主的鬥爭中所負的任務亦极為関心，他们所問极多，總括起来，集中于下列三点：一，中国文壇現时主要之傾向，二，中国文藝界統一战线之現狀，三，中国作家生活情形。関于第二点，他们即问“中国文協」的組織及工作情形。我■講述了中國文■壇情形後，文轉詢蘇聯文壇最近的發展。我提到了去年九月間「蘇作協」主席團之決議，他們告訴我：除了我已見到的兩女作家外，尚有若干重要女作家，如日丹諾夫之類。■他們並答允把這些材料供給我。

在茶會中，女作家到者三人。好幾位作家都和蕭三是老友，問起他的近況。也問起曹靖華之和戈寶權之。兒童作家馬尔夏克想注意中國的民間故事與新作的童話，請我為他找些材料。我告訴他：中國作家最早寫童話的，是老作家葉聖陶；我並答應盡力想法找中國的材料給他。

六時，茶會完畢，我即回寓。歸途中，承葉君見告：「蘇作協」會所係前為的■即「戰爭與和平」中女主角娜塔霞所住的房子。

今天下午五時，瑪亞來了。這是我第一次看見她，想起澤民，想起母親，又想起亞男，很傷心。

一月三日，星期五，天晴。但陽光只在上午出了三小時而已。戶外為攝氏零下三十度，相當冷。

上午十一時，參觀列寧圖書館，我把國內友人托贈該館的書隨身帶了去。副館長卡女士及東方部主任克女士引導我們參觀。卡女士對我帶去的贈書再三感謝。蕭三先生之贈書因附有俄文信，她看了信後就知道是什麼書，鄭重說，她一定要將這部書分給館中研究中國歷史的專家閱讀，如有意見，再當轉告。（列寧圖書館另文記之，此處不贅。）

從「列寧」出來，已經是下午二時，即往「兒童真理報」編輯部，與主編古勤列夫（很年青，不過三十左右）談了一小時多，又參觀印刷所。此報自有印刷所，距編輯部約汽車去十多分鐘，設備是新式的，

单是印刷机就有两色转轮（同时可印）十余架，每架每小时可印报四万份；原筒的白报纸放上去，出来
的就是已经摺好了的一份一份的报。「完竟真理报」为三日刊，对開
小型，篇文並重，每期印销一百万份。■■今天出版的一期，在我们参
观时尚未印完，因为昨夜临时抽换了■■材料，「把最高苏
维埃候选人■■已经常出的消息换进去」，所以迟了。「团子完
童真理报」，无另文记之。
六时回寓，即不复出。晚间整理笔记。
一月四日，星期六，阴。较昨天稍暖，零下十多度。上午不出门，
继续整理「红军战利品展览会」的笔记，到十二时完毕。
下午一時，参观「红十月工厂」，此为专门製造巧克力的厂，
进了大门即闻糖香。按照生产程序参观一遍，见厂内各处都
很清洁。「我们进工场时穿了厂中特備的白布罩衫和帽子，

这是他们的规则，凡进入场者必须穿罩衫。）关于「红十月」，当另文纪之。

四时，离「红十月」，即赴「高尔基世界文学研究院」。因为事前不知今日尚有此一处之参观，所以未将日内友人托赠该院的书带去，只好明后补送去了。在该院谈约一小时，就继又参观了保险库内的高氏手稿，又参观了同在一处之高尔基博物馆，五时回寓，补进午餐，后又小睡片刻，九时再进晚餐，即就寝。关于「高尔基世界文学研究院」亦另文纪之。

一月五日，星期，阴。连日太疲劳，卧时时作痛。昨日不时更甚。今日仍未全痊。十二时许，葉君与史君来寓，商量为我把所带去的木刻加译俄文说明。此项材料作为「木协」赠送苏联木刻家之「抗战八年木刻选」一册，并附有信，「木选」有英文说明，故不必再加译俄文。但此外，还有伟木刻五幅及些个人给苏

本刻家叶沃罗夫之信，丁正献、王树飙木刻二十二幅，七之及解放

区其他木刻家作品共百余幅，则皆须加译俄文说明。叶史

两君想不到有那么多材料，觉其日无暇翻译，定于明日来我寓中当办此事。

下午二时参观「托列亚考夫画馆」。因为是星期，参观者

特多，存放衣帽处佔屋数大间，而人尚拥挤，颇疑置身闹市。战

时德机空袭，此馆本不幸曾中二百五十公斤之炸弹两枚，（一九四一年八月十二夜），

尚幸馆中珍品早已移藏他处，故损失不大。前年五月十七始再开放。

今天我们去参观时，战争破坏的痕迹已不可见。我们共在馆三小时，

但共只能说是「探路」而已，若论欣赏，须待下次。（关于此画馆，当

另文纪之）。

五时回寓午餐，略作休息，又赴「大戏院」看柴可夫斯

基作曲之「舞剧」天鹅湖。「大戏院」可容观众三千，包厢共五层，

廂檯彩作以金色，襯着大紅絲綫的幃幔和椅墊，氣象十分華貴。「天鵝湖」本為民間古老之傳說，劇情大略如此：太后將為太子擇配，美女如雲，翩翩獻媚，而太子都不屬意，獨對某郡主表示愛慕。此時有奸臣從中破壞，而郡主們畏此奸臣，倉皇避去。太子怏怏不樂，適有天鵝成群飛過，太子之友遂勸太子獵天鵝解悶。（第一幕完）。太子追蹤到天鵝湖畔，則夜幕沉沉，月光下見羽衣如雪之女郎成群跳舞，太子意此輩女郎皆天鵝所化，竟與相向，而某郡主亦作天鵝裝自林中出，勸太子勿射天鵝，太子遂毀弓矢。太子與郡主在林中遊，天鵝女郎們時隱時現，作天鵝之舞。太子與郡主戀愛成熟，對月盟誓，而奸臣亦化作黑天鵝出現，郡主驚而逃走。（第二幕完）。宮中開盛大之舞會，太后及大臣均到。太子正與郡主來，但奸臣則攜其女（偽為郡主）誘惑太子。太子中計。

而此时真郡主出现，太子觉悟，奸臣携女逃去。（第三幕完）。太子与郡主泛游湖时，奸臣们为黑天鹅倏来破坏，雷雨交作，湖水汹涌，郡主屡蹶，太子与黑天鹅厮斗，折其一翼，黑天鹅仆地而死，于是雷雨止，湖水平，忽见天光化白，太子与郡主之恋爱终于成功。（全剧完）。

「天鹅湖」第一次在「大戏院」上演，为一八七七年，那时的观众不用说都是贵族和富人，可是今天回在大戏院上演，观众却是工农子弟了，这些人，回当年恐怕连远远站着望一望大戏院的门都是不许的。

一月六日，星期一，阴。有时小雪。昨夜睡较酣。而陶兆则睡不安枕，今晨她又头痛，十时近乎发烧，她乃呕吐。此时史君适来谈本剧加俄文说明事，即请他找医生。午后一时医生来，诊谓係伤风，开方而去。

本定今日"休息"一日不出门参观；现因由比病了，决定延长"休息"一天。我自己这两天也觉得疲乏，牙龈发酸，食时不利咀嚼，此即疲劳过度之征也。

一月七日，星期二，阴。由比感冒仍未愈，夜睡仍不安枕，胃口不好。但他不肯休息，躺在床上看书。

上午整理笔记。下午读英文本"苏维埃文学"去年一—八期，此乃萧君昨日刚送来的。

一月八日，星期三，阴。今日仍"休息"。因由比的病尚未全愈也。日记（去年十二月十一—廿五日）及"红军战利品展览会记"（共二十余页），请萧君航寄上海，同时附去三信，宝权、靖华、聖陶各一。致聖之信中，请为代購中国民间故事，中国作家所写童话，中国文学等书，以便寄来。

下午二时，南斯拉夫、波兰、捷克、保加利亚记者共六人来寓访问，为谈中日文化与战后日文学之情形及战时中日文艺界统一战线等等。我请他们代觅世界语译的战后日文学作品，他们都极愿尽力。

一月九日，星期四，上午有太阳，下午阴。由此冒口仍未见好，今日有来之发四热。九时，叶君来，说今晚当赴「星四晚会」。

上下午均不出门，整理笔记，并为「儿童真理报」写一短文——「民族解放战争中之中日儿童」。晚八时，赴「少先真理报」文学部主之「星期四晚会」。由此因病未全愈未去。十时返寓。进晚餐后，已十二时，即就寝。

「星四晚会」始于一九四二年三月，迄今每周举行。「晚会」中之表演者为作家（朗诵自己未发表之新作），讲演或科学家（讲述自己研究心得及最新之发明与发见），著名演员（表演不化妆，即将上演之戏曲），优秀工人（讲述自己工作经验），等等。「晚会」之目的在使作家、科学家等，有一机会与群众接触，并听取群位之批评及意见。每次「晚会」举行后，次日之「少年真理报」即有详细记载■及照片。著名作家如法捷也夫，吉洪诺夫，楼勃列夫，爱伦堡，西蒙诺夫，都曾在此晚会中朗诵过作品，讲述他们游历外国的印象。在战时，从前方回来的作家、记者、军官等，就报告前方情形。有时也约请外国作家来参加，如法国■诗人阿拉贡就在这「晚会」中朗诵了自己的诗。

今晚表演节目为歌剧「塞伐斯托堡保卫者」，完全照正式演出的排场，仅演员们不化妆，由钢琴伴奏，唱了全部歌词。而且是在歌舞合唱队之前数尺。听众以青年为多，「晚会」并无限制，任何人可来，但因会场太小，不得不限制人数，故仍须入场券。

一月十日，星期五，有雪。今日原定参观「革命博物馆」，后来改期，因为述比■最好再休息一天。

下午四时，VOKS的克依斯洛娃夫人来慰问述比病况。克夫人能英语。

一月十一日，星期六，阴。昨夜睡眠尚佳，晨七时即起。述比已無热，但胃口仍未见好。医生所用之药已服完，我们决定暂时不再找医生，而服自己带来的润肠药丸，因为她已三日大便不畅。

九时，叶君来，说克夫人曾嘱他问我们要不要再找医生。我们觉得不必再看医生了，只须再静养一二日即可。

十时后整理草稿，直至午后四时，颇觉疲乏。胃痛又作。入晚，胃痛更甚，八时即就寝。

一月十二日，星期，阴。今晨胃痛已止。雄怡亦因昨日大便已畅，夜眠较甜，精神大佳。十一时，叶君与史君来，说昨日拟参观了革命博物馆及看马戏，但仍须医生来为雄怡一诊而后决定。半小时后，医生来了，诊后允许雄怡出外，仍开一方，说是调整肠胃的。

十二时，赴马戏院。此时有小雪，并有风，但马戏院前人山人海，几乎断绝交通。因为是星期，儿童特别多。儿童随大人同来，不另買票。馬戲在蘇聯極流行，各城各鎮都有馬戲院，而與電影院一樣多。今天我們去的馬戲院名為「莫斯科列寧勳章馬戲院」，場子不很大，約可容觀眾千人。

開始是三四套武技，然後是獸戲（犬，馬），然後又是武技，滑稽短劇（兩個廚子）一齣，休息後，又一場獸戲（三頭獅子坐蹺蹺板），這就完了。獸戲部分比武技部分少，而且也不及武技精采，但最使我感興趣的，倒是開場時兩丑角「背書」：一丑角以普希金詩句考問另一丑角，此丑胡亂答了一句，全場兒童觀眾均齊聲糾正之。又場中兒童甚多（約佔一半），而秩序甚好，始終未聞嚷吵哭叫之聲。

從馬戲院出來，便到「革命博物館」，該館之址是十八世紀中葉的建築，本身即有歷史價值。「革博」本有十二部門，現在開放者僅三部門，即(1)革命準備階段，(2)內戰及武裝外國干涉時期，(3)蘇聯各地各處人民送贈斯大林的禮物。後者亦佔居三大間，五光十色，無奇不有，實為巨觀。(聞于「革博」，當另文紀之。)

二時回寓午餐，即又送出。

一月十三日，星期一，上午有陽光，下午陰。甚冷。

上午十一時，塔斯社記者來訪問。下午閱讀英文之「VOKS公報」一九四五年合訂本。

一月十四日，星期二，陰。時有小雪。比昨日暖和多了，一零下十度而已。

十一時半，參觀「第七十九學校」，此為十年制之學校，第一年級至「初中」一年程度，第十年則為「高中」三年程度，畢業後可考大学。现有学生千二百余人，校舍甚宽敞，每一教室以四十余人为度，故第一年级即分为三班。（关于此校，另有文纪之）。

从「七十又校」出来，即赴东方文化博物馆。先参观了中国部分，就便又看日本，西藏，伊朗，巴尔干各国及中亚各民族的部分。伊朗部分材料较多，附有精美插图之尼萨尔（伊朗古诗人）诗集手抄本甚美，最早者为十五世纪物。同时期者，又有萨阿第（古伊朗古诗人）之作品抄本，插图也极精工。看这些插图，觉得伊朗那时代的绘画和中国人物画极相近似。又陈列伊朗香炉甚多，（这些东西年代都不甚远），有种种形式，最普通者为圆柱形，圆柱而带塔形者就很少，作鸟形（鸭子及孔雀或凤凰）者仅三四具，竟不见有作兽形者。

因为时间不够，各部分都未能细看。「来宾留言簿」上有郭先生的留言，照録：看了中国，日本，伊朗三室，日本室材料搜罗较为完备云。

本日决定后天乘火车到南方，游一游乔其亚及亚美尼亚两共和国。

一月十五日，星期三。小雪。但天氣特別暖，零下五度而已。請葉君寄出日記（一九四八、十一月廿一——卅日），及「列博」、「紅博」參观記。附去一信給宝权兄。

下午二時，訪問蘇聯婦女反法西組会主席寧娜·波波娃夫人。她对于中國婦女代表[illegible]不克出席上屆之國際婦女反法西斯大會，作為惋惜。继談及中國婦女運動一般情況，並把「婦女聯誼会」的組織和工作大略說一說，並提到「現代婦女」月刊最近各期的內容。波波娃夫人講到蘇聯政府去年撥款補助婦女及兒童福利事業計達五十億盧布之多，職工会所办兒童夏令營兒童參加者不下一百五十万人。而如何更完善地保育战争造成之孤兒，則成為蘇聯婦女當前最注意之工作。此次战争，蘇聯所受損害極大，「战禍」何啻万千，而去年旱災又為五十年來所未有，收成頗受影響，然因社會主義經濟制度之優越全蘇[illegible]無飢民，而數目龐大之「战孤」亦無流離失所者。

波波娃夫人又谈到莫斯科第一百学校的一群学生（中学及初中程度者）曾利用寒假組織慰問團，赴頓巴斯之「紅色的頓河」鎮，慰问那些因战争而失去儿女的父母。「红色的拉何」镇在战争时，備受纳粹匪徒的荼毒，镇中儿童曾组织地下工作，英勇反抗，法捷耶夫之傑作「青年近衛軍」即以此为背景。书中之英雄捷里寧之母親今尚健在，尽力于社会工作。莫斯科中小学生之慰问代表團献花于受难之母親。慰问團今天已返莫斯科。下午四时要到「妇女反法西斯委员会」报告慰问经过。除々娃夫人希望我们也听々他们的报告。可是我们因为明天要到喬其亚，有些事情得準備，只好放棄这难得的机会了。

三时三十分，從「妇女反法西斯委员会」出来，即回旅館。

一月十六日，星期日，陰。上午整理行物，下午六时三十分赴庫尔克斯車站。今晚开往俾利斯（即杨佛利斯，喬其亚共和國京城）之列車共有二班，開車时间一为七时三十分，一为九时。我们是乘七时三十分那一班的。不料此車误点，开行在九时那一班以後。同行者为史君（翻譯）及絶寫寧君（VOKS派至）。本来是洛弗也夫君陪我们走这一趟的，但他[illegible]

招呼。结果不果。他送我们到车站，帮我们办理一切，直到我们上车。

一月十七日，星期五，阴。昨夜过寒，车中温度降低，今晨起来，微觉头痛。他也头痛，且呕吐；饮咖啡后又呕吐。鲍君携车上之医女来诊视，我们劝阻。他说他向来受了凉即呕吐，服自备之表飞鸣有效，鲍亦如法服治。十一时后他睡了一觉，渐痊可，惟胃口仍不佳耳。

午时，车过奥勒尔，一九四三年秋，苏军大败德军于此。这是斯大林格勒战役以后第二个大胜仗，德军从此一蹶不能复振。车站一带，毁屋甚多。午后四时，车到库尔斯克，这就是奥勒尔战役中的另一战场，苏军钳形攻势之一钳。战前此车站甚为壮丽，现在仅有一幢房屋尚保断垣，巍然高耸，其余建筑皆夷为平地了。餐车生意不佳，直至二时，我们始得座位。餐车设备及烹调都比西伯利亚通车的好多了。八时就寝。

一月十八日，星期六，晴。昨夜车中较暖，睡眠安适。晨六时即醒，八时起身，天亦亮了。遥视长空，有阳光，而云阵缭绕，紫黄色，灿灿然有曙意，非復一片灰白，心神為之一爽。因此今日頭痛已愈，精神恢復，惟胃口仍不甚佳。

今天所過各站，都留有戰爭破壞的痕跡。各站車輛擁擠，然亦多已回去列，每列長已四十餘節，所載多為建築材料，即此可見蘇聯再建災區工作之緊張。今天所過地方，屬頓巴斯區，正是煤鐵工業中心之一。但戰時所受損失極大。車過康士但丁諾夫站時，見一大鐵廠綿延數公里之廠房什九破燬，但在此燬餘之廠基，一個高煙囪業已吐煙了。

此處是一片平原，但遠處常見有奇峰突拔地上，頗以為奇。問車上工程師見告，這些都不是山，而是煤堆。後來，經過一「煤山」附近，看見有運煤之車沿「山」壁升降，一上一下對開，多纜車之下降者為空車，上升者載煤，煤車至「山」頂，即傾其所有于「山」之陰，煤塊飛濺而下，遠望頗為清晰，且如聞其聲。

晚八時，過羅斯托夫，此亦有名之戰場，德軍大吃敗仗的地方。車站原來極為壯麗，月台長里許，現已盡燬，站房搬在（原為三層）建築述事，说经修章而应用者为票车货房一部分之最下一层。

一月十九日，星期。晨八时醒来，天已明。列车此时停靠一小站，

见地上覆盖积雪，此为一个季月来第一次，惊喜之情，若久别归来

故知。下午一时，到某站，（离有色之温泉休养所约百多公里，有公路

可达），我们所乘之车厢轮上弹弓部分发生了毛病，须卸下修理，旧车

旅客都设法在其他车厢中找铺位，（或竟不得，则坐于车厢

走廊中），我们尝到车的车长慨然以他的公房相让，尚不狠艰。

晚八时，到一站，名"清凉山"。旧车有人云：他人到此为止，不能再

前进。今日所过多处，见房屋破毁者甚多

餐车经理为一女子，战时在前线部队中服役，（连战前服役计，

她共服役十一年之多），现已退伍。据云：他们在车上办事每服务一

班，（只以莫斯科—海参崴一线而言，一班为廿八日），即得休息一班

而全年尚有例假一月，她又适当例假，若加上例应休息之一班

的日数，约共两月，这是一整块的时间，她可以派上用场云。

一月二十日，星期一，晴。今晨醒来，天已亮了，表上为七时卅分，（此为莫斯科时间，若以杨俾利司时间，应为八时三十分），从望窗外，已不见白雪，路旁溪，浅水轻流，若闻其声，平野颇有绿意，大似江南初春，然远处高峰仍戴雪帽，这又不是江南所有的了。

十二时顷，到一小站名耶拉麻，石头的小小建筑，水泥月台颇整洁。月台外则泥泞。一小白猪在泥中掘觅食物，时时轻摇其尾，态度极为悠闲。站上有农民出售乾鱼及苹果，鱼则沙丁鱼，苹果小而少果，都用绳子穿成一串。乾鱼一串约七八尾，不知其价，苹果一串十余枚，索价二十多卢布。（此为自由市场价格，售者随意定价，购者亦可随意还价。）苏联物价约可分三类，一、平价，凡平价物品（是配给的）都须凭购物证才能购得。二、市场价，此类物品大都不是日用必需品，或竟为奢侈品，任何人可随意购买，然而价高，而平价物同时亦有市场价，但这不是"黑市"，而是为了消费者的便利，（例如桑叶，肥皂，都有配给，）消费者如果囊有余外，便可在其额定配给量以外再买他所需要的数量，市场价是国营商店定的，所以也是一种官价。三，自由市场价，为上文所举之例，此类物品大都为农民的剩余生产品（即农民的生产品除了作为赋税缴纳国家及自己消费以外尚有多余者），而售卖者亦都以小贩（其实他的物品不是贩来的）姿态出现了。

下午，列车沿里海西岸行，远望可见海上渔船。五时许，经过著名之油城——巴库。列车所过之处，距巴库尚有百余里，但已见油井铁塔密列如林，一片山地，都无树木，山间时见小河，水色黝黑，例甚浓稠，水面有油光。听说巴库区饮水来源乃在二百里外，巴库本地的水都含油质，不能饮。

一月二十日，星期二，晨八时，车抵梯俾利司，（苏联人呼此地名时，常呼之「梯」音，此呼为俾利司，俄文即从之）。昨夜间车长，还说恐怕要至午后二时到达，不料其甚早。俾市车站颇为宏大，我们至休息华丽的室中等候 BOKS（苏联对外文化协会）

乘汽車來。九时许，由GOKS代表陪赴市内東方旅館，即進早餐，洗澡休息。

偉利司是喬其亞社会主义共和國的京城。市區作狭長形，沿着十高加索山麓，橫跨在多曲的科拉河上，一定实在是建築在河谷的一个城市。好几条雄壮的大铁桥跨在科拉河上，河畔及市内多处家佈園林，全城实為一公園，虽现在已穿了冬装，风姿依舊迷人。市内有坡，但亦有极大的广場。宽闊的柏油马路两旁纷立着「馬恩列斯学院喬其亞分院」以及「喬其亞民族歷史博物館」那样雄伟壮丽的建築。市内公用交通工具有電車、無軌電車及公共汽車。

自从十九世纪初（一八〇一年），喬其亞成為帝俄帝國的一省以後，偉利司就是全區高加索的行政中心，可是經一世纪之久，偉城依然是落後的边城，街道狭窄，房屋低矮，無工業可言。但在蘇维埃政权成立（一九二一年）的短短二十多年中，偉利司已大改舊貌。市區的建設，一日千里，舊时面目已不存在，而工業之發展，尤足驚人；现在的偉利司已经是一个工業城市，擁有重工業和轻工業的多数工廠，而且距俾市二十五公里，乔治亚古京城莫赫塔武旧址附近，在科拉河与阿拉格维河合流之处，又耸峙着外高加索第一个水电站。至于博物馆，图书馆，戏院，大学校，以及其他的文化建设，尤其是苏维埃政权下的特色。二十五年的苏维埃政权做了百年的帝俄政权所没有做的事。

十一时顷，天下雪，甚大，但旋即溶化。其在街上者顷刻化尽，但下午一时雪止，远望市外群山，则都带上白帽了。我们所住的东方旅馆坐落罗斯泰维列（乔治亚古代大诗人，代表作「虎皮武士」最为著名）大街，对街即为乔治亚政府大厦，其后一山雄踞，即大卫山，从我们的房间远望，又见上山之缆车，和山顶的夏令餐馆，远远望去是宫殿似的大建筑。大卫山也雪后改为素妆，想来这山相当高。

五时许，GOKS外联部主任向勒契可利女士来，旋即坐汽车同游俾市。我们沿着科拉河两岸的大街绕了个圈子，沿途所见，除文化机关外，又有专供科学家和艺术家（戏剧电影演员亦在内）所住之大酒店，也经过了制片厂和织绸厂。最后又登大衢山，（上山有汽车路，我们只上去了一公里（自山麓至山顶共八九公里））之景色），俯瞰全城。这时灯火万家，高低掩映，远比较昨晚所看港。

七时，赴SOKS拜访孙卡瓦会长。孙会长是戏曲家和散文作家，见面后寒暄，他说他以SOKS主持人资格对我之访问俾市极表欢迎，而以同行资格则尤其欢迎，俾能中国和乔其亚的文化关系由此而得加倍的增进。我告诉他，中国历年来零零星星介绍过不少的乔其亚文学作品，但以经高尔居多，而且都是从俄文转译的，我们从罗斯泰维列的作品中认识了乔其亚古代文化之辉煌灿烂，我们更愿多多介绍苏维埃乔其亚的现代文学。以来，我们又谈到中国近代文学之发展和趋向，以及中国介绍苏联文学的情形。茶点搬上来了，孙会长又把他所撰定的我在俾市的参观程序征求我的意见。我自然完全赞同。八时许，告辞，仍由白句女士陪同赴「依列阿西维列歌舞戏院」观歌剧「黄昏」。依列阿西维列是乔其亚著名的作曲家，该剧即由他作曲，首次上演于一九二三年。该戏院为纪念他而命名，又曾得列宁勋章，故全名应为「荣膺列宁勋章依列阿西维列歌舞戏院」。

又，此院尚为革命前的建筑，相当华丽，壁画及窗上花格都带东方色调。全场约可容观众千五百人。

「黄昏」三幕歌剧，乃以乔其亚古代传说为题材，剧情大略如下：玛洛曾与玛尔哈士订婚，未嫁而玛尔哈士出征，久久无音讯，玛洛之父母乃以玛洛许字克阿士，然而玛洛心理是不愿的。既而玛尔哈士生归，与女相见，且誓必娶女。玛洛论情爱则愿嫁玛尔哈士，然而论法律则又须归克阿士不可，因此甚感痛苦。是日适为民族节日，士女如云，相与跳舞，并说玛洛与玛尔哈士有情人终必成为眷属。人丛中有克阿士之从者，尽见其状，归以告克阿士，且施挑拨。克阿士甚怒，将对玛尔哈士报复。但其时忽得警报，敌人进犯。

克阿士本来是军官，奉命迎敌。但克恋玛洛，离了部队寻找她，遂与玛尔哈士相遇。玛洛对克阿士表明态度，以订婚戒指还之。克阿士甚怒，将与玛尔哈士决斗。玛洛劝阻无效，急出台人，以图解救。二人遂斗。克阿士不敌，将败，[illegible]忽生毒计，拔所佩匕首，掷击玛尔哈士，中[illegible]要害，其时玛洛亦带许多人来了，但玛尔哈士已倒下死了。克阿士因此被捕，而由部队中之老[illegible]战士率领部队出发。全剧在玛尔哈士之简单葬仪及战士们整队出发中闭幕。

一月二十二日，星期三。昨夜睡眠尚佳，今晨八时醒来，见窗上已有阳光，遂起身。马路上积水已成冰，知夜来屋外温度仍在零下也。今日既放晴，预料白天当较昨日为暖，但结果竟不然。

下午二时，乘汽车往游古列一斯大林的故乡。古列离俾市约一百公里，车行一小时又四十五分而到达。[illegible]沿途所经，多为山地，愈走愈高，（据说最高处約為海拔二千公尺以上，而氣候亦愈冷。路旁積雪未消，這一帶山羣都是白雪。最遠處直天一角，其下連綿起伏者，狀若粉堆，而光耀刺目。這大概是高加索北部的山嶺了。

在古列參觀了斯大林故居及斯大林博物館，又至市外山麓仰觀山上所遺古代堡壘之廢墟。這是喬治亞王國時代的遺物。蓋古列在昔為軍事要衝，山上堡壘林立，今所存者，僅其一二，據云堡壘下層甚大，可多藏糧秣人馬，以為久守之計。古列鎮有五六百年的歷史。(關于斯大林博物館另文紀之)。

五時三十分左右，離古列。我們預先帶有乾糧，這時便在車中吃起來。車行甚速，但天亦漸漸入暮。行走了全程三分之一的時候，天忽飄雪，以來愈下愈大，十步以外，但見雪花飛舞，不辨方向。而此一段公路彎曲既多，且又起伏不平，行車極為困難。幸而司機先生眼明手快，如

※「高其畫國立柿俾利司電影製片廠」成立於十月革命後，最初屬教育部管轄，一九二五年起大加擴充，乃有今日之規模，今隸屬于蘇聯國藝術部。現在全廠工作人員共七百餘，直接與製片工作有関者二百餘人。每年生產量約有声片五至六部（故事片紀录片合計）。去年製成的「斯大林誓詞」一片博得全蘇一致的佳評。現正在攝製中者，有「斯大林童年生活」，「詩人阿加克·哲勒泰列」，及音樂喜劇「開賴而可特」。該廠附設演員訓練学校，所授功課為之文学、藝術史、化妝、表演等等。所用劇本大都由廠方向作家特約寫作，每一劇本之報酬高低不一，平均數則為三万盧布左右。

风雪中搏斗一小时之久，终于到了佛市。此时同行者皆感饥寒，而句句女士穿衣不多，竟因此受冻，第二天病了，我们觉得十分抱歉。

八时进午餐，九时又赴佛市制片厂，在试片室中看了「二十五年之后甚亚」等三部短片子，因时间不够，未及参观全厂，即返旅馆，时已为午夜十二时。[illegible]上床而睡。

一月二十三日，星期四。九时起身，太阳光已射在窗上。今天房里的水汀比昨天的「工作得好」，洗水亦热，乃洗澡。十二时参观历史博物馆，直到回时始毕，回寓午餐。（关于历史博物馆，另文纪之）。

晚八时赴罗斯泰维列戏院（或者是玛尔克西维列戏院，据我记不清了，玛尔克西维列是苏甚亚杰出的演员），观哥尔多尼（Carlo Goldoni，1707-1793，意大利喜剧家）的「二主人共一仆人」。这是译为苏甚亚语演出的。演员很卖力，而灯光布景亦颇具匠心。该戏院也是革命前的建築，相当華丽，樓上三層，会場可容观众千餘人，休息室等均相宽敞，樓梯及墙壁皆为雲石。据闻該院尚附有演员及舞台工作人员训練所之類的組織。

很感谢⋯⋯女士扶病陪同我们看戲，並為譯述各幕大意及重要台詞。

一月二十四日，星期五。九時起身，見馬路上積有薄雪，想来是昨夜下的。上午有陽光，下午陰。

午後二時，参观「兒童宫」，(英文译名是 Pioneer's Palace，意即「先鋒隊之宮」，Pioneer 一語有「先驅者」，「先鋒」之意，但在蘇聯，這却是一種兒童組織的名稱，大约是七岁左右到十五岁左右的優秀兒童經選拔得为 Pioneer，意即「童子團」，中國前曾譯為「少年先鋒隊」，而 Pioneer's Palace 者，即为「童子團」特設之俱樂部或「文化游憩所」，蘇联各大城市均有此种机構：)「兒童宫」建築壮丽，据説这在革命前原为貴族邸第，但革命後曾加修葺增補。

其中有所谓「镜殿」，初以为四壁皆有大镜而已，看了以后，才知道「殿」中并无普通之大镜，而四壁及室顶所有雕镂（花卉或条纹形）凡作圆形、矩形或菱形之处皆嵌以镜，大小形状不一，闪闪银辉。室顶正中下垂的华盖者，则为无数三角形或菱形之小镜所镶成，而中藏以电灯。若在晚间，灯光之下，万镜闪耀，室光之反射，正就是炫目的。（关于「是童宫」，另文纪之）。

晚七时，赴GOKS之晚会。这次的晚会是会长为了介绍我和乔其亚作家们见面而开的，事先并约我在会中报告近年来新中国文艺发展之情形。到会者，作家及艺术家三十余人，代表了乔其亚文艺界的权威。晚会由GOKS文学部副主任克可查先生主持，致词介绍后，我即简单地讲述了五四以来中国新文艺发展之道路以及抗战前后文艺团体之组织，连翻译的共一小时。（这次报告，我本有底稿，故未来预先译为俄文，因为时间局促，

■而不可得。）■於是後，有一位老詩人（恕我未能記下他的姓名）詢及中國新詩運動之現狀，我又作了十多分鐘的補充。最後，仍由主方查先生致■詞，略謂中國與秀其亞在古代即曾發生關係，秀之絲茶都由中國傳來，此為經濟上之關係，希望今後更加強文化上之關係，並以今天的晚會為起點■（云云。）八時半，餘興開始歌舞節目，都為秀其亞民族形式■。男獨唱中有一位阿美連那西維列，是擁有秀其亞人民藝術家的榮譽稱號。晚會完畢，繼以餐點，席間隨便談話，他們都希望中國文藝協會總會此後和他們有聯系。十一時後回寓即睡。

一月二十五日，星期五。太陽很早就出來了，但夜來馬路上的積水又已成冰。今晨見旅館門前馬路上的交通警察換了個女的，皮帽下金色■髮外披，远看身姿甚佳。她指揮交通，極為認真。

下午一时，參觀秀其亞门立大学。校長為科學院會員，植物学家，凱訶維列，因为向女要斯科，由副校長（数学家）瓦科阿沙也接见，并陪同参观。

「喀大」成立于一九一九年，歷史不長，但今日規模已相宏大。校舍甚頗寬敞，原为一九○六年之建築，当时所办者為中学（沙皇不許喀人有大学），但喀人深信將来必會有自己之大学，故按大学規模造了房子，现在当然不够用了，已在旁边另建新校舍（与原来校舍一樣大，专為理科用），二三月間即可落成。現有学生五千人，男女約各半数。学生中战时赴前线及工業方面服務因功得勋者甚多，其中有「蘇联英雄」二人。歷年畢業生万二千餘人，全校教授、講师、助教共五百五十人，其中博士八十人，候補博士一百八十人，科学院会员二十三人。按照新五年計画，到一九五○年，「喀大」須增建生物系及圖书館专用之大厦兩所。圖书館現藏书七十万卷，因房子太少，簡直擠得不成話。「喀大」每年度經費為三千万盧布。

全校共分十系，擁有实驗室四十餘所。我们僅看了生理实驗室之一部分，礦物標本室及地質實驗室之一部，已化了兩小時。

从「秀大」出来，就参观「馬恩列斯学院秀分院」。这是革命后的新建築，高五層，玄色雲石圓柱十根拔地從了立，上達屋頂，门面十分雄壯樸素。内部樓梯，大廳，牆壁，幾乎全部都用各色雲石来装飾。

此「分院」成立于一九三三年，三五年始建入現址。研究範圍自然是馬恩列斯學說的一切方面，然特注重于喬其亞黨史，喬其亞革命運動史，及斯大林之青年時代。研究資料分革命前及革命後兩大部分。研究員現有六十人。有自己之圖書館，而保存列寧博物館亦屬之。「保列博」材料陳列方式与莫斯科「列博」相同，惟材料則較少，珍貴之文件及手迹都為照相，然亦有係原有。

晚八时赴「伍列阿西維列歌舞戲院」看歌劇「阿保薩隆与

葉台丽〃。此亦从喬其亚古代传說编成，共四幕，编剧及作曲者即

乔其亚著名之作曲家派列阿西維列。

全剧故事如下：林木密茂之山麓。远处有猎者的歌声。葉台丽，

可怜的农家女，从林中出来。她自诉命苦，因为她的後母虐待她。但猎者

的歌声惊动了她，她急藏身于大树背后。大群的猎者走过去了，阿俾萨隆

王子与大维齐（宰相）墨尔曼上来了。葉台丽从树后出来，取她遗忘在地

下的东西，刚〃和王子他们打了个照面，葉台丽骇呆了。王子和维齐墨尔

曼见了葉台丽这样美貌都吃了一惊。王子立即向葉倾吐爱慕之

意。可是葉怎麼能够信以为真呢？她逃入密林中去了。王子也追了去。

剩下一人墨尔曼，怏〃若有所失。他也爱上了葉台丽，但他当然不能和王子争。墨尔

曼也跑进树林中去了。葉台丽再回来，想觅路回家，但王子的侍从们搁住她，王子随

即也追上来了，他再申誓言，请葉接受他的爱情。葉不得已从之。王

子送与叶吉丽同归。墨米爱见状大妒，誓言必破坏王子与叶之婚姻而后叶归已。（第一幕完）。王宫内设大之宴会。群臣及贵宾们都来参加王子的大婚典礼。王子与叶吉丽由公主玛列赫陪伴着进来了。群臣及贵宾们见叶之艳丽，都赞不置。国王祝福新夫妇，宴会开始。王子视大臣群中不见墨米爱，乃问：「墨米爱何在？」可是墨随即来了，捧一珍贵之礼物献于叶吉丽。叶大喜，取而佩之。那知这礼物是用魔术炼过的。是墨的阴谋已经成功了第一步。但当时谁也不知道，盛宴既张，继以跳舞。（第二幕完）。叶吉丽忽得重病，王子阿弹薇隆忧惧不知所为。太后及公主玛列赫劝王子与病重之叶吉丽离异。王子不肯。他问计于墨米爱，墨安劝他与叶吉丽。王子踌躇久之，不得不从彼人之言。他对群臣说：「谁能为带了这病人去，就可以带去。」但无人答应。最后，墨米爱出来说：「我愿意带她去。」于是墨就带了叶去。（第

三幕完）。叶出洞到了墨的堡内，由于魔术已除，病遂若失。她艳丽，和从前一样，墨

和墨的弟妹们正陪着她在堡内闲嬉，仆人来告王子要来了。叶急避入内

室。王子此时亦因思念叶而得病。他呼墨之弟出来，问叶的情形。墨告他

回答：叶病已愈，可是她已经属于他了。王子始悟其中有蹊跷，但又

不能食言，使墨放弃了叶。于是他命令墨到印度去取神水以疗自己之

病。墨明知此为调虎离山之计，但不能不服从。墨既去，王子请叶

出与相见。叶不肯。太后亦劝叶出见，叶仍不肯。最后，王子说服了

叶，始出与王子相见。但王子亦已病重，骤然狂喜，气厥而踣，

竟不复苏。叶悲恸逾恒，亦以短剑自杀，这短剑就是王子初次遇见

她的时候送给她的。（全剧完）。

一月二十六日，星期，晴。下午一时登大卫山参观山顶之园林及

夏令餐馆。昨天下午本就要去的，不料汽车出了毛病，爬不上坡，故改于

今天去。上山汽车路约九公里，山前绕到山后，又回到前山，
沿路见山上颇多平坦之处，并已辟为果园。到了山顶时，遍地积雪未
融，而巍峨庄严之夏令餐馆并双扉不键，不见一人。冬季无人
上山游玩，此餐馆尚在冬眠期中。山上之园林亦极大，树多常青，然积雪没
径，我们并未深入。我们坐在餐馆旁边的大平台上晒了一会儿太阳，等
待汽车换了轮胎，就下山，参观市郊之一革命古迹——一九〇四
年顷，斯大林和他的同志们所建立的秘密地下印刷所。（关于此地下印
刷所，另文记之）。下时去在同店午餐。

晚八时，赴音乐院听该院所组织的爵士乐队的演奏。会场不大，
但亦可容七八百人，未开幕已告满座，连走道上都站满了。节目甚多，有民族的，
亦有外国的，但最受欢迎者还是民族的。

按伸市戏院除上述之谷甚亚民族的戏院而外，尚有俄罗斯，

※大教堂内葬有乔治亚古代的拜格拉强王朝的诸王及王族，而乔治亚王国最后二代之国王及其后女等亦葬于此。乔治十三世及其后玛利亚（此即乔治亚王国末代之王及后）之墓较其他之墓须高出地面尺许，（其他之墓皆与地平），紫铜为顶盖，浮雕作冕及剑。圣像台前四面屏门，镂刻甚工细，一律飞金。中间一门左右为耶稣及圣母绘像，彩色极鲜艳而肃穆的态度栩栩如生。据云此一对屏门为俄罗斯之神像画匠所作，盖即自从十六世纪即驰名于全俄之PALEKh神像画也。PALEKh为地名，一中小村，近莫斯科，神像画匠都出其地。大教堂内壁本有壁画，昔年沙皇尼古拉一世来游此寺时，见而不喜，谓俄国风俗，教堂中向无壁画，此何得例外？命以白垩涂去之。现在乔政府请专家们除去白垩，恢复原状，现已有若干部分则恢复完成了。

阿尔美尼亚，亚北拜疆等民族的戏院，我们都未及参观。

一月二十七日，星期一，阴。上午游市街，打算买些本地的特产作为
纪念，在文具店内见有云石雕刻的狮子镇纸，拟购数具。又拟购
伊市风景明信片，则遍索不得。乐器为此地产物之一，惜不便携带。
拟购民族乔其亚歌曲谱，亦未果。（售卖曲谱之店，今日休息）。

下午二时往市外二十五公里之乔其亚旧京（莫采斯）遗址参观
今尚巍然保存之第五世纪的大教堂。此名"青尼大教堂"。全部石头建
筑，雄壮而古朴，乔其亚古代建筑术之发达，即此可见一斑。
迹。五时返寓，进午餐后洗澡，又小睡片刻，八时半又往戏院听
音乐演奏。节目中最精采者，是萨维礼什维列所作的第一交响
曲，此曲分四部，描写此次战争中乔其亚人民之思想情绪，第一部写战
争中人民所受之苦难，第二写战争中人民之热烈响应，万众一心，共

擊退暴之敵人，第三部写人民对于将来之憧憬，第四部写人民对于胜利之信心。可惜我对音乐是门外汉，只觉得好听，却说不出所以然。

十一时回寓，晚餐后即就寝。

今日决定明日乘火车赴阿尔巴尼亚共和国京城葉丽方。原定游览黑海边之休养所，现因时间不够作罢。

一月二十八日，星期二，阴。上午整理行装。十二时赴GOKS辞行，蒙赠书多种，及乔民族歌曲多份。下午一时访问乔其亚科学院。院长摩斯赫列什维列为数学家，但他对于中国文字改革问题颇有兴趣，询及拉丁化运动之情形。我就所知者，大略的告诉了他。

乔其亚科学院成立于一九四一年，最初设社会科学和数理两部。会员初仅十六人。五年以来大有发展，现设一、社会科学，二，生理及医学，三，数理，四，农村经济，五，机械等五部。内二部乃战时所设。

直属研究所凡四十。现有会员四十人，通讯会员十九人。各研究所中

如历史、語文、生理、数学、地质、化学等，不但在吉其亚为杰出之

学府，即在全苏联亦是数一数二的。每研究所有研究报

告，三月或半年一期。科学院本身每月出报告一册。

在考古发掘方面，吉其亚科学院曾作了很大的贡献。

二時回店，即进午餐，三時许赴车站，向句女士送到车上。

四时间車後，晚饭点心即睡。（保利司—叶丽方通車也係门隣

卧车那样华丽，二人一室，软垫，相连之二室有门可开可闭，开则二室即合而一，

惟各室单独之盥洗设备，此为有别于国际卧车之处。）

一月二十九日，星期三。晨八時，车抵叶丽方，月OKS（阿尔美尼亚对

外文化协会）会長卡莱太尔教授等数人已在車站相候。见面地

点喧闹，他们即招呼我们出站，直赴旅馆，沿途

白雪，似新下者，但天气並不怎样冷。

十时，卡会长又在旅馆的餐厅和我们共进早餐，同席者有AOKS的委员或主任。席间，举杯互祝中阿两国人民的友谊及此后两方文化关系之增进。卡会长並致词，略谓：远在第五世纪，中阿两国即有经济上之关系；阿国古书上常常提到出产丝茶瓷器之东方大国，而近年来阿国考古学家曾掘得中国瓷器，经考证是属于第五世纪的。不但此也，第五世纪时，且有中国人居留于阿国。据阿国古籍所载，五世纪时，波斯人侵犯阿国，抵抗波斯人的阿国军官中有名叫凡尔扬(克)马尔格仰(雅)者，实为中国人，他的中国姓名是马莫贡(译音)。此一历史事件，不但胶结了中阿两民族的友谊，且在阿尔巴尼亚人民心中深深地种下了对于中国人民的久长的敬意。现在中国人民为实现和平而民主艰苦奋斗，阿国人民深信中国人民必到达成其历史任务，阿国作家亦敬祝中国作家们在此大时代中工作胜利。

对于卡会长的热忱，我表示感谢，同时也对于阿民族文化之古，（据阿门考古学家证明，阿文化有五千年的历史），受难之久，（千五百年来，阿民族历受侵略压迫，直到十月革命后始得解放），阿争之坚毅，（革命前四百年中，阿人流亡于全世界各地，无在一处定居，即无自己的学校，印阿文的书籍，故祖国虽亡，文化始终保存，）及其终得解放后文化建设之猛进，表示了钦佩；我又提到中国介绍阿文学每历有年所，约在二十五年前，我们即从英文，及世界语，最近又从俄文，转译了若干阿文学作品，可惜是没有作系统的介绍，而且以短篇小说居多。讲到这里，他们对于《大卫·萨松》（阿史诗）之译成中文，极为称赞；我又告诉他们，现代阿大诗人，斯大林奖金获得者，伊萨克扬的诗，已有三首译成中文，是我室校友从俄文转译的。

他们希望得到这些中文译本，我允为竭力设法。

谈话转到了现代中国文学。他们对于现代中国文学所知甚多，他们熟知各位和丁玲，而且对于中国文学改革（拉丁化运动）也寄以很大的热望。卡合长还提出这问题和我讨论。

十一时半，参观「民众图书馆」，哥列畢格揚先生（AOKS委员之一）陪往，（以后的参观和访问都是他陪同去的，我们在叶丽万四天，他总是忙了四天，不胜感谢）。民众图书馆是革命后的新建筑，用阿尔美尼亚所产云石装饰，极为壮丽。（关于「民众图书馆」，另文纪之。）

從「民众图书馆」出来，我们又驱车游览全城。

叶丽万这城市建筑在赞茄河的下游，而赞茄河在汇合了色望湖的泄水以后，是阿尔美尼亚境内的高原湖，海拔二千公尺，也是苏联境内最大的高原湖，色望湖在一百公里的流程中，突下降一千公尺，叶丽万就是位于这样一条最大的的下游。不过这条河离市区还不很近。我们在距市中心稍远处看见有倒塌的房屋和大石块，據说这就是古年河水突涨时「所做的工作」。

汽车出了市郊，爬上一座山，到半腰，叶丽方尽在眼底，这就是在冬季，又当雪后，然而叶丽方仍然是美丽的。宽阔的林荫路，高大的近代建筑，一丛丛的长青树构成了城市的「绿带」，和本地特产的红石(阿语为特夫)建筑的大厦，相映成趣。可是这城市在三十年前，(沙皇政权下)，却只有狭仄的街道和卑小的泥屋。所有现在这些新建筑，——这美丽的叶丽方，是苏维埃政权的产物。流亡海外数十年而新近返归祖国的阿尔美尼亚人民再认识 这就是他们去国时的叶丽方。

和市区相距数公里，形势若断若续，我们又看见几处新市区，面积当然较小，——这便是海外归来的阿尔美尼亚人的新家。阿政府为每一批海外归来者建造一个新的区域。这些卫星们的新市区，就是不久将来的「大叶丽方」的组成部分了。

同行者又指点我们遥望一座高山，灰色的云遮住了山峰，看不见她的雪帽。这山便是有名的阿拉拉山，传说中的「诺亚方舟」在洪水退去时所停泊的地方；这山是和阿尔美尼亚民族有血缘关系的，但现在她是在土耳其境内了。

回时再回旅馆，进午餐。又晴十分赴斯宾甲罗夫戏院（斯宾甲罗夫是阿尔美尼亚著名的作曲家，此戏院为纪念他而命名，又曾得到列宁勋章，故全名应为「荣膺列宁勋章斯宾甲罗夫阿尔美尼亚歌舞戏院」）。

今晚此间有一盛会，乃是拔格拉弥扬大将和叶丽方市民见面，难得机会凑巧，我们当然要观光。拔格拉弥扬大将是阿尔美尼亚人，战时曾先后担任南方及列宁格勒战线的司令官，解放波罗的海三共和国，进军东普士，战功煊赫，叶丽方市民推举大将为最高苏维埃候选人，所以大将特来和市民们见面，并且他离故乡亦已有二十多年了。这样一个盛会，为此空前热闹。大会前半段是各机关（党、政、军、文化、工业）代表致词，最后是大将答谢。十时许开始余兴，民族的歌舞，节目繁多，个个精采，到十二时，仅表演了程序单中的一半，我们因明日上午十时有事，今晚不早点儿休息，只好牺牲眼福和耳福，告辞，回寓，进晚餐后即睡，已经是夜半一点钟了。

一月三十日，星期四，晴。八时起身，看见那样好的太阳光，精神为之一振。十时半，访问阿尔美尼亚共和国教育部长，谈话一小时又三十分钟，得知阿教育情形大略如下：

阿尔美尼亚文化甚古。纪元四一二年已有文字。但早在三〇三年即已接受基督教，此在当时为一进步事件。至于学校，远在第六世纪已经创办了初级各校，到了十四—十五世纪，则专门学校及大学也都有了，此为全盛时代。更后，由于迭遭外族的侵略，国土沦陷，文物虽能保存旧有，但并无新发展。十月革命前，阿尔美尼亚在沙皇压迫之下，百分之七十的土地为地主及富农所有，工业生产仅占全区总生产百分之二十三又七，学校共四四六所，（其中仅有中学七所，無專门学校及大学），学生共计三万四千七百人，教师一千一百四十六人而已，（此为沙皇政权所留的遗产。）一九一三年（以全阿而言），全阿仅有[illegible]日报六種，雜誌二種，大半为俄文，全年出版书籍仅五十五種，（共印四万餘部，）其中四十二種为阿文，餘皆俄文，中小学校共有四百餘所，但高中学校有固定校址者不过十五六。一九一八—一九年间，由于白党之叛乱，全阿学校仅存一百六十六所，学生共计一万八千六百人。一九二〇年开始和平建设。至一九四〇年，共凡二十年中，共建新校九百五十七所，其中六十九所为大规模宏者。现在，（一九四六至四七年之学年），全阿共有学校一千一百四十四所，其中（除高等专门及大学外，）七年制学校六百十二所，十年制学校二百八十八所。（大中小）学生共计二十六万一千五百人，女生占百分之四九；此外，夜校及業餘補習学[illegible]校共有学生两万人左右。阿尔美尼亚共和国人口不过百餘万，学生数目竟佔廿四分之一，教育之发达，已可想见。

一九二二年，全阿人口中，识字者仅佔百分之十六又九。一九三九年，识字者佔百分之七十三又八。四一年为百分之百。（此指七岁——入学年龄——至四十五岁者而言，不到入学年龄及已过四十五岁者，不在此数内）。一九四二年，文盲稍有增加，此因海外侨民归国者多，其中有不少人为文盲，于是又特开扫除文盲之成年人识字班。

一九四〇年，全阿已有日报六十二种，每天发行数平均为二十四万八千份。

每年出版书籍五百五十种（每年平均数），其中五百七十二种为阿文；共印行四百七十万〇五千部，其中四百十六万四千部为阿文，余为俄文及亚北拜疆文。（阿学校中，俄文为必修科；而全阿亦有专以俄文或亚北拜疆文为主的学校，此等学校之学生为俄文或亚北拜疆人，在此等学校，阿文亦为必修科。）

全阿现有高等专门以上学校之数字：国立大学一，工业大学一，医科大学一，农科大学一，兽医专，美专，剧专，音专，体专各一，以文为主的师大三，俄文为主的师大一，初级师范十，工艺技术学校四十八，各科专门学校十三。全国现有教师共约一万一千人。（此数约当全国人口百分之一强）。学生更在两校上课者甚多。计不完全统计，中学生更习音乐者约二千人，更习体育者约九千人。初级体育学校全国共三十一校，归教育部办。初级音乐学校则归艺术部办。一九三八年全苏滑雪，滑冰，足球競赛中，阿尔美尼亚佔第二位，一九四五年全苏競赛中，亦佔第二位。战時，教员及学生從軍或参加国防工業因功而得勋章或奖章者共计弍千五百餘人。（女生多任防空，救護及電訊等之作）。得全苏英雄勋衔之学生二十五人，分属于二十三校。

阿教育部内设(1)幼稚教育司（主管托儿所，幼稚園等，学生年龄为三岁—七岁），(2)孤儿教育司（主管专收孤儿之学校，学生年龄最大有已十五岁者），(3)中等教育司（主管七年制及十年制学校，学生年龄自七岁起），(4)

高等教育司（主管高等及大学）。全国分区，区有教育处，区教育行政事务皆受教育部管理，区教育经费由地方负责，但须得教育部批准，区教育以中等教育为主。至于高等，大学，儿童宫等经费，则由共和国中央政府等拨。社会教育如归教育部主管，但图书馆、博物馆等则由共和国之艺术委员会管理。

教育原则与其他各苏维埃共和国相同，仅在历史、地理、文学、宗法等课程中注重东民族之特点而已。

教育经费：一九二三—二七年（五年内）经费总数为一五，八〇〇，〇〇〇卢布，但一九四三年一年经费则已为二一〇，〇〇〇，〇〇〇卢布。

七年制学校完全免费，盖自七岁至十五岁之儿童必须受义务教育。

十年制学校自第八级起收很少之费，然免费者甚多，例如父母有功勋者，父母收入不多者，或残疾不能工作，皆免费。高等专门以上学校每生每年应纳费四百卢布，但学生每月所领津贴则为二百五十卢布，优等生每月可领四百卢布。其他□预算百分之四十三是用于教育的。

从教育部出来，便去参观「纪念列宁艺人之十年制学校」。约二十时参观完毕，又赴国立艺术馆。（关于「纪念列宁艺人十年制学校」，当另文记之。）此艺术馆所陈列，几乎全部是油画。房屋甚大，装饰甚为典丽，惜非特别设计的建筑，光线或太强太弱，观赏时颇感不便。全馆内容，约可分为古代画及近代画二部门，大部分是阿民族的艺术。古代画最早者为第九世纪及十二世纪之宗教画，计大幅四，中幅无数，此均为摹本。阿之宗教画至十四世纪为全盛时代。以后就衰落。该馆所藏十七八世纪之宗教画，数甚少，均为摹本。

十九世纪，乃至本世纪初，阿画苑中最杰出者，主要为肖像画与风景画。肖像画大家首推奥夫奈塔涅扬父子，（父名木特尔東，子名阿考盘），次为阿尔扎拜涅扬（一八七四—一九一九），及阿卡涅扬（一八六五—一九四〇）。此四家之作品，館中所藏不少。風景畫以年尔賽鄉（一八〇七—一八八四年）為開山祖。
他卜居于喬其亞的梯俾利司，作畫亦在俾市，故所表現，較少故國風
光。他亦作有像畫與風土人情畫。阿衣伐桉夫斯基（一八一七—一九〇〇）
為繼起之名手，他生平所作，大小共有六千餘幅之多，殆全為風景畫，
而背景又都在海邊。該館以二室陳列阿氏之作品，大幅如「月夜」，「日
出」，均甚佳；「風平浪靜」與「漁夫」並為大幅，前者寫海岸一漁舟斜繫，近處
有歸帆，小灘上一男一女，男作臥，女旁坐編織，旁有桔子一筐，散枚
在地上。後者寫沙灘上一漁舟，兩漁夫一立船尾，一倚船首，悠然[目]送
兩桅之大船出港，天際偏佈晚霞。此二幅俱以人襯托風景，為外來
表現人民生活畫派之先導。拔生磊格揚（一八五八—一九二五）所作風景畫
亦甚多，如「月夜」及「阿拉拉革」，（共二幅，大者為近景，小者為遠景），
均佳妙；而關于「色望湖」之畫則共四幅，題為「朝霞」，「雨天」，「午

暗」及「月夜」，亦为精心之作，「月夜」一幅，月在云中实不可见，但波动之水面则有微光。包尔列洛卿（一八六五—一九四二）为表现人民生活之创始者，同派有阿拉凯果，其题作「色望湖」一幅则实为风景画而表现了湖畔渔人之生活。现代最大画家沙里杨之作品估二室。我们参观的时候，沙里杨凑巧出来了，询以最得意之作为何？他答道：「如说满意，则都满意，如说不满意，那就都不满意。」但其众多作品之中，他指点我们注意的，乃是「献给战死者」（此为大幅，无数鲜花新[illegible]像）、「月」、托尔斯泰夫人画像」、「女病人但里麦杨画像」、及「君士但丁堡之犬」等四幅。沙里杨的作品色彩纯烈，表现了丰满的生命力，此在阿民族画家中殊不多觏。现代的青年画家之作品陈列者三幅，一为奈尔拔陈之「团长最后之命令」，写阿民族一团长名为扎克杨者战死时之景情，一为奈尔拔陈所作「斯大林画像」（此曾得斯大林文艺奖），又一则为女画家阿司拉玛什扬之「英雄回故乡」。

除了阿民族画家的作品而外，该馆又有俄罗斯部及西欧部。俄罗斯部的百余幅，其中有摹本。西欧部则有荷兰，法国，意大利等国画家之作品，亦约百余幅，摹本尤多。名画摹本亦予陈列，乃是特意的，并非不知真赝，或以充数，因为在外国，所有的博物馆美术馆都有教育意义，叶丽方的艺术馆自以陈列阿尔美尼亚民族的艺术品为主，而所以也有西欧部者，意在比较参考，原作多不可得，则陈列较佳之摹本，亦聊胜于无也。

最后，看了该馆的「研究部」，专家数人在此部工作。又有专门临摹古籍插画之一室（主要是圣经），青年二三人在工作。

四时三十分参观阿尔美尼亚文学研究所，此与艺术馆同在一大厦内。所长为萨尔克乡，据谈：该所现为阿尔美尼亚科学院直属研究所之一，内分四部，一为阿尔美尼亚古代文学，以马谡·阿勒良之作品为主要研究对象，（该研究所为纪念马谡·阿勒良而命名为马谡·阿勒良文学研究所），二为十九世纪阿尔美尼亚文学及苏维埃阿尔美尼亚文学，关于十九世纪部分，则以阿拔维扬（十九世纪阿古典文学之代表）及耶尔班姜（六十年代名作家）为主要研究对象。以上两部分研究成果为阿尔美尼亚古代文学史二大册及近代与苏维埃阿尔美尼亚文学史四大册，均已陆续付印。研究所工作之第三部分则为阿尔美尼亚史诗，传说，及民间文学。第四部分为文学博物馆，所藏原稿及珍本甚多，约计三万至四万目之多。其中有阿拔维扬之手稿（十八世纪末叶著者）。至于该所研究员现有三十人（其中有科学院会员，教授，博士多人），及青年干部十二人。

接着，就我们参观该所所的原稿及珍本保藏库，琳琅满架，品目繁多，仅植枝大叶的看了看，已化去一小时。再看该所附设之阿尔美尼亚文学展隨室，倒叙一段。悔不该在图书及珍本储藏库停留得那么久了，原来这展览室是一部简明的阿尔巴尼亚文学史，从古代到现代，陈列得有条不紊，每一作家的肖像，作品，手稿（如果有的话）及珍贵遗物，都有陈列，附加说明。巡视一遍，我大略知道阿尔巴尼亚新文学之创造者为阿拔维揚，继那人是六十年代的那尔班姜，他是作家，批评家，也是革命家，他所用的手镜还保存着，此后，松杜克揚为阿尔巴尼亚戏曲之开山祖，而「阿尔巴尼亚之普希金」则为杜燮灵揚，「阿尔巴尼亚之果戈尔」则为小说家拉飛。

在展览室中遇见老作家阿拉什，他是最高苏维埃议员，他说道从俄文译出「阿Q正传」，甚感兴趣，认为风格与之大相近。

六时回旅馆午餐，七时出发赴纪念松杜克揚之国家戏院观话剧「亲爱的祖国」，十一时才回旅馆晚餐后即睡。

「亲爱的祖国」编剧者为台孫尔強（AOKS文学部主任），乃一历史剧，写十二世纪时阿尔美尼亚抵抗外族侵略而得胜利。故事大略如下：

王子茹及克为质于皮楚廷多年，将归国嗣位。但摄政王及家族教家则阴谋阻挠，而皮楚廷之佞臣又来与摄政王谈判不利于阿之条约。茹及克依靠民众及将领之拥护，得登王位。摄政王及其同谋者被捕。茹及克又拒绝了皮楚廷的要求，力谋捍卫祖国。为了一致对外，茹及克释放了摄政王，复其官位。但摄政王们与大主教及其他同谋者外通皮楚廷，内结死党，拟乘机杀茹及克而夺取王位。皮楚廷大军来侵，茹及克统率军队迎敌，而摄政王等之阴谋亦败露，诸奸皆被捕，独一人漏网。皮楚廷军攻一要塞，围之，茹及克应战，胜败未卜。摄政王之党羽乘机作乱，既出诸逆于狱，复谋与敌军应合而占此要塞。当时危险万分，幸叛逆中一人忽反正，而茹及克亦已败皮楚廷军，诸逆复就捕，茹及克得了最后的胜利。

一月三十一日，星期五，陰，時々飄雪。上午八時起身，十時赴AOKS之台集座談会，到会者除AOKS正副会長卡萊太尔教授及巴森辛克揚教授而外，又有大詩人伊薩克揚，大画家沙里揚，戲曲家台孫尔強，詩人奧望涅香，詩人泰郎采（AOKS出版部主任），詩人蘆媽·沙里揚，小説家司吉儒·淑良，老作家阿拉什，文学研究所長薩尔克鄉，阿尔美尼亜作家協会主任秘书塞拉司，阿尔美尼亜人民演員代茄尔什揚，阿尔美尼亜人民演員亜AOKS藝術部主任辛尼別克揚，阿尔美尼亜古代原稿保藏所長阿包夫教授及AOKS理事爾列別克揚等々。談話内容為(一)我們間的文学發展情形及何者應先介紹到中國，(二)他們間中國文壇現狀及作家生活情形，(関于此点，不但阿尔美尼亜的作家們間及，亞美斯科及他處之作家們亦常問及，他們常問中國作家靠寫作維持生活)，(三)関于文藝之「民族形式」，(四)漢字拉丁化問題。AO

KS令长卡莱太尔教授就「民族形式」详为论述，谓百年前，阿尔美尼亚亦有类似中国之「文言」「白话」之争，阿拔维扬科奠定新文学基础。此后百年中经过多种阶段，苏维埃政权成立后始坚定地向大众化发展。但今天阿尔美尼亚语文仍有东西之分，使用东方语者为居于苏土之阿人民，而使用西方语者则为流亡在外之阿人，将来侨民尽归故阿国土并恢复旧观，「阿故土今分土耳其政权下者大于阿国现在之疆界」，则阿国语文最后之分歧亦得解决了。

座谈会于十二时半完毕，旋又摄影数帧。

从门口KS出来，就参观阿尔美尼亚「历史博物馆」，这是革命后成立的，规模颇大。所藏器物最古者为纪元前七百年之陶罅及妇女用之牙骨饰物。（阁于除石器时代之石斧等不计外，「阿历博」为文化之。）

看完了阿尔美尼亚「历史博物馆」，已经是午后两点多了，又即参观基洛夫区托究所。这是市立研究所了，位于基洛夫区，故得此名。苏联的工厂，学校及其他大机关，大都附设有研究所，专设有机关从事研究之定量；市立的研究所则专收不在此等研究所范围内之研究重，分区设立，以应本区人民之需要。（关于"研究所"，亦另文纪之）。

四时，离"研究所"，即赴城外之"阿尔美尼亚科学院直属酿酒及葡萄种植研究所"。这是一九四三年成立的，当时对德战争尚正剧烈。研究所拥有广大之葡萄园，我们的汽车离了市区即在葡萄园中奔驰，可惜是冬天，只见一片白雪，遮盖了无尽的原野，倘在葡萄收获季节，很远就可以闻到香味了。据说所植葡萄有二百余种之多。年来研究结果，已发明若干种新酒。该所有所五，实验室四，专家及技师共四十七人。我们看了酒库以后，该所主任即请至办公室尝酒。作者一看，大圆桌上摆满了各式各样的冷盘，这那里是尝酒，简直是宴会了。因此，不到

一刻钟，陸续来了好几位陪客，都是AOKS的人，其中有会長卡莱太太

教授。主人方面除研究所主任外，又有该所的酵母培养实验室技师基

女士。这一席「酒」直吃到又時许，主人一共開了二十多瓶（即二十多種）酒，

如果每種只嚐一口，也就足够使我醉倒。所以到後来，我只好用鼻子来

「嗅」，不敢再用嘴了。

七時三十分赴斯窝甲罗夫戲院观舞劇「芦都式」。这是取材于

阿民族史詩「大衛‧薩松」之一章——「大衛与芦都式」，编劇者阿千拔杜夫作曲

者即为斯窝甲罗夫，但斯氏此曲並非为舞劇所作，借用于舞劇乃

是芭蕾舞術家波達格揚的創意，波氏为当晚此劇演出时之舞蹈

指揮。此劇表现大衛与芦都式恋爱，其间遭受契莫司克（一女子，的破坏，

爱大衛，而大衛却不爱她），几经波折，终得圓满。故事是

富于浪漫帝克情调的，灯光佈景亦很相称；我大舞會的場面，極

※※※ 斯宾甲罗大戏院，现为耶丽方最华丽的最大戏院，一九三八年落成，建筑师是阿尔美尼亚学术院会员泰玛良。这是民族形式与西欧形式之结合。共有座位一千五百。在此戏院演出之歌剧与舞剧，各民族作品都有，而属于阿尔美尼亚民族形式者约有七八部最受观众欢迎。一星期中，演歌剧五次，舞剧二次。剧团共计五百五十人。

尽富丽堂皇。在包厢中，遇见西士家沙里揚和东■劇的作曲主任某氏（無忘其名推）。据说：在此院常演之舞剧共四十个，「天鹅湖」为其中之一。

**

二月一日，星期六，晨起，见雪花纷飞。十一时，访问阿尔美尼亚科学院，见到了该院院長天文学家阿谟拔尔佐明揚，该院歷史研究所所長古代歷史家奥瓦里卿，科学院会员理数学家阿科别揚，及水電专家叶吉揚教授，化学家卜卜揚女士。据说：阿科学院是在对德战争時候成立的，迄今已有三年。现在有会员二十二人，通讯会员十七人，（在莫口和阿口各有一人）。科学院直属之研究所及实验室共三十单位，每〔八〕单位之工作人员自十人至百餘人不等。凡诸研究所及实验室可歸为四類：（一）物理、数学、化学、地质，天文，水電，建築之類；（二）植物，动物学，生物进化，微菌学，医药之類；（三）土壤改良，園藝，畜牧，釀造之類；（四）社会科学，文学，哲学，歷史（阿口及东方）之类。在此四类专业中工作之专家学者约共六百人（其中一百五十余人为女子），助理员亦约六百人，女子更多。定期刊物三种：（一）自然科学，（二）社会科学，（三）科学院公报。

询及印度历史学者对于东方与西方之古代交通——经济的关系有无新发见时，奥尔登堡先生回答：近因考古发掘，所得材料甚多，证明汉代东西交通及经济关系之发达，当以第四至第六世纪为盛，其时有阿尔美尼亚商队到了中国与印度。科学院会员关于此一问题有专书出版（俄文）。

因此询卜卜扬女士之阿尔美尼亚妇女从事高深学问研究者之一般的情形，及彼等之家庭生活情形。据答：妇女从事高深学问研究者，以农业，医学，化学等为多，她们和男子立于平等地位，既不被歧视，亦不受特别优待。但妇女有比男子更多之负担，即生男育女及家事。阿尔美尼亚妇女是爱护家庭生活，喜欢孩子的，女科学家亦复如此，她们并不因为从事于科学研究而男性化，或化为中性，例如女生物学家某就是一位多男多女的母親。

阿院長和其他多位先生对于中国科学家们在抗战时期的艱苦生活表示关切和欽敬。我们谈了些中国科学家们的工作情形後即告辭，當贈书多種，大都是有关阿国古代史及古代文化的，插畫甚为精美。阿院長通曉英文，谈話时有时用英语，有时则用俄语。

从科学院出来，已经是十二時四十多分了，我们即赴阿尔美尼亚大学。時值寒假，校内各实验室休假者多，僅参观了化学及生物兩实驗室，又参观了圖书館。「阿大」房屋亦感不敷，现正建築巨大之新校舍，專供物理系之用。（关于「阿大」，另文紀之）。

下午三时赴国立製片廠，先在放映室看了三部短片，其中之一名為「我们的祖国」，是一部紀录片，（略似「二十五年之喬其亚」一片），從阿尔美尼亚民族歷史之悠久，古代文化之堂皇，叙述到十三世紀以後歷盡外族侵略，人民被屠殺，文物被燬滅，千千万万人民被迫流亡海外，然后，有革命带来了阿尔美尼亚民族解放的福音，阿人民在肃清了白党叛徒以后，走上社会主义建设的大道，于是，工业，农业，教育，文学艺术，各方面突飞猛进，二十多年的期间创造了人间的乐园，但是德国又来侵犯社会主义的祖国了，和平建设中的阿尔美尼亚人民拿起武器再去上反法西斯的战场，为保卫胜利而努力于战时的生产，终于得到最后胜利，再开始和平建设，而从前被迫流亡在海外的阿尔美尼亚人民也一批一批地集团重回祖国怀抱。三十多分钟，我们看了阿尔美尼亚人民的历史，有血泪，有欢笑，悲壮激昂而奋发。这样一部纪录片，真是太好了！我深深地感动，有好几次禁不住想引吭高呼，又有好几次忍不住独自笑了。片中一个对德战争的镜头，描写阿尔美尼亚士兵在前线战壕中，他们唱一首歌，一在前线，忆故乡乚，我不懂歌词，可是但听它的调子，是那揚的纏綿悱惻而又悲涼激昂，我感受到一種難以名狀的震撼；对于祖国的热爱，对于敌人的憎恨，对于争取胜利的决心，不以言传，我都深刻地理会到了。这首歌便是现代伊朗最伟大诗人伊薩克揚的著作。

（大前天，葉丽方市民欢迎拔格拉琪揚大将的餘興節目会中，也有这首歌的独唱，这次第二回听到，越听越爱了。）

旋又赴摄影场看摄製影片，—取材于「天方夜谈」的。摄影场极大，水銀灯照耀如阳光，刚一進去，竟使我不禁脱口自语：「哦，原来天已放晴了，太阳是这么好！」我们和演员们合摄一影，又和片中女主角合摄一影，这位女主角很年青，就是大诗人伊薩克揚的女儿。

二时返寓午餐。倦甚，小睡数十分钟。

晚九时赴月OKS之送别宴会。主人方面到了三四十位，除那天座谈会中出席的多位而外，又到了几位人民藝術家（现在还记得名氏的，一位是陧尔賽卿，他又是斯大林赞得者，另一位是全蒙人民艺术家月·丹尼爱良女士（及斯大林奖得者），致信女诗人，女作家，还有刚从保加利亚返国的提琴手和歌人，而MOKS的干部也多到了好几位。席间，主人方面致词的，除MOKS会长卜散梭外，又有女画家沙里扬，全苏人民艺术家月·丹尼爱良女士，阿作家协会主任秘书塞拉司，阿人民艺术家座尔塞卿等各位。卡会长致词中对于中国文化之悠久，中国文艺之优美，中国人民自求解放之坚毅，备尽赞扬，次盼中阿两民族之友谊及两民族文化关系此后更得增进。其他各位致词亦强调中阿两民族之友谊及文化关系之加强。我未后，也致词答谢，我说了三点意思：庆贺阿尔美尼亚人民之坚苦奋斗而终得胜利，赞扬中国作家对于民族解放事业有其信心，提议今后各自其作地加强两民族文化之交流。在宴会之致词中，间以余兴——提琴独奏和独唱，最可感的，月·丹尼爱良女士虽然有点感冒也自告奋勇为「亲爱的中国朋友」唱一个歌，丹女士晚年七十多了，门墙桃李也都无气乘坛，她现任全家最高标准决定。

宴会已三（午夜）时结束。卡会长赠我们二人以纪念品，又赠书多种（及各种照片）。

二月二日，■星期。十时起身后进早餐，十二时赴月OKS辞行。同属后又进午餐，二时赴车站，卡会长及月OKS前任会长某女士（恕我忘其名氏），■阿作家协会主任秘书（及月OKS理事数位）都来送行。（昨晚宴会，女士未到座，唯因身体不适早退，今日又冒雪来送行，且为我们设法临时多定二车座，使我们二人独占一室■人之房，又赠美酒二瓶，盛情至为铭感）。二时四十五分开车，倚窗遥望，美丽的叶丽方渐去渐远，颇有惆怅之感；再会罢叶丽方，一阳光的国家。

二月三日，星期一。晨七时，为叩门声所惊醒，原来是史君。他说，未多时后，林保利司就到了。我们急忙起身，盥洗，整理行李，还没毕备齐全，列车已进了站。此时天亮不久，但已预兆■将是一个大好的晴天。

下車後仍在車站的貴賓室内等候城内派汽車來。十時許進城，仍寓安方旅社，且仍居上次住過的房間。趁水熱，我們先洗一个澡，还早餐後再小睡。下午在房整理筆記。

这葉丽方到莫斯科，仍坐火車，一定要经过保利司，而我們之所以在保市下車，把一次的路程分做兩段走，是因為想坐铺位較好的卧車。葉丽方開出的卧車像我們昨天坐的，不是頂好的铺位；從此處到莫斯科（经过保利司）的列車方有頭等的軟垫双人房间，我們就是為了要坐這樣的車子這才又到保利司來了。据絶罗宰君說，明晨九时可以走。

二月四日，星期二，晴。昨晚早睡，因在晚餐時已知今天走不成，（買不到車票），無起早之必要，然而我們还是很早就休息了，因為在葉丽方時差不多每天是睡眠不足的。十时起身，知道絶君已去設法買飛机票了，明天有飛莫斯科的班机。我們本来不大喜欢坐飛机，但鲍君等须于八日回到莫斯科，以便九日参加最高苏维埃的选举，需要赶一趟了。早餐后，与史君到市内闲逛。百货公司，食品店，古董店，首饰店，我们都进去瞧瞧市面。百货公司和食品店最为拥挤。这些商店的货物都标明价格，因为这是「自由市场的价格」，故相当高。「自由市场价格」也是官价，並非「黑市」，称之为「自由市场」者，即人人可以无限制购买。苏联人民所需日用品（包括食品及用品），例有定量配给，那是很便宜的，例如红茶百格兰姆一包者仅四卢布，但在「自由市场」则为十七卢布，洗衣肥皂每方二卢布，「自由市场」价格则为五十卢布。（肥皂配给每月每人两方，够用了）。至于奢侈品，现在还没有配给，只可求之「自由市场」，例如女用皮手提袋，中等货须一百五十卢布，赛银烟匣一百七十卢布。但文化用品（包括各种文具，留声机唱片，乐器，收音机等等）的「自由市场」价格还是很便宜的。此因「自由市场」的价格由政府规定，故可以有計劃地分類而定高低。又国内所有的大小商店几乎全是國家办的，（只有私人经营之小商店，但为数極少，且其货物仍是从国家商店批來者，僅能取得合法利潤而已），所以政府对于自由市場的價格可以绝对控制。

三时午餐，喝葡萄酒及啤酒各少许。（午餐后即睡，醒时已暮色苍茫，）鲍君已回旅館，飛机票也已定好，明晨五时左右赴机場。GOKS（蒙其亚对外文化协会）送來一路菜，有酒，水菓，罐頭，麵包，餅乾，（鶏蛋，腊腸，）黄油等等，足够吃三天。

八时晚餐後即睡。

二月五日，星期三。晨四时即起身，略進乾点及鶏蛋。GOKS派了代表及汽車兩部，送我们到飛机場。此时天尚未明，户外温度当然在攝氏零下。汽車走了三刻鐘，到飛机場，進站稍息，此时约為六时。飛机定于七时三十分起飛，但此為莫斯科时間，照当地时间应逢一七时。我们到的太早了！站上的休息室是很大一间房，水汀不够热，我们身上衣厚，倒不觉得怎样，只是双脚有点吃勿消。七时许，天空渐现鱼肚白，我们想想还有一个半钟点方能起飞，便请GOKS的代表先回去，可是他一定不肯。后来还是看我们上了飞机他才回去。

起飞时，阳光已照射机场一角。机中坐位很舒服，有暖气设备，同机约十余人。渐飞渐高，至一千八百余公尺，即不再上升，俯视高加索群山白雪皑皑，在朝阳中分外耀眼，此时机向西飞。十时许，飞临黑海上空，机渐下降，至一千公尺左右，以后即保持此高度，沿海岸折向北飞。十一时后，飞机降落于黑海港口某机场，加油，半小时后又起飞。这回飞得很高了，经常在三千公尺左右，机身下一片云海，白茫茫地，但我们困在云阵之上，倒享受了很好的太阳。三时许，机已下降，愈降愈低，终于着地。机师对乘客宣告：莫斯科气候不好，不能去，要在此地过夜了。「此地」

乃是哈尔科夫，曾经一度是乌克兰共和国的首都。

事后我们知道：飞机在里海海口的机场加油起飞后即得莫斯科无线电，谓█气候不好，令飞返该里海海口机场过夜，次晨候得电讯，谓莫斯科天气似有好转之象，可以不回去，但最后所得电讯，仍然不行，于是机师决定降落于哈尔科夫。

从飞机中出来，方才知道哈尔科夫天气也不见得好。这是个阴天，朔风刺面，机场雪深没胫。我们进了站，站内休息室挤满了人，这都是旅客，都是受了气候之影响而未进，抛锚在这里的。原来今天此地机场上有多线来的飞机三四架都是临时找到这里来“待命”的，其中有一架是昨天由伊市飞出，已经等了二十四小时之久。站长请我们到一小室休息。这是站上的“宣传部”的办公室，水汀甚热，而且也很清静。绝军君和站长商量以后，向我们提议：改乘今晚九时二十分开行之火车赴莫斯科。据说，今天之所以不能飞抵莫斯科，是因为当地有層雲，視綫不能达及兩公里，只能勉强看到一公里半，但民航机規定须能看清两公里之远始准降落，明天的天氣已有種々跡象預料其不会比今天好，後天更不可知，倒不如改乘火車，明後天若晚准可到達。我們自然無可無不可，当时就决定了改乘火車。

这時大約三点半鐘。鮑君去打電話，定車票，并請城内的旅行社派汽車来接我們進城。乘火車是要進城去的。可是左等右等，總不見汽車来，鮑君急得團々轉。不上鐘光景，鮑君得城内来的電話，説早已派了兩架小汽車来，不料路上積雪太深，小汽車不能通过，只好折返，现已另觅車子。这时，我們有点着急了，深怕趕不上火車。而且肚子也餓了，好在我們有GOKS运的乾粮，便胡乱吃了一顿。

终于，在七点二十多分，接我們的汽車到了。这是一部載重五噸的大卡車装有帆布蓬。我們四人坐这样一部大車子，当然很宽舒，于是又附載了我住也要進城去的旅客。這時候，風很大，帆布車篷遮不住事，就跟坐在露天差不多，车内人多擠緊了，還可擋風。卡車出了机場走不多远，问题就来了，雪把車輪濘住了，左衝右突，愈陷愈深。好在車中帶有兩把大鐵鏟，全車的客人除了我們兩個都下車去鏟雪，方才过了一关。在車灯之中，我看見七高八低擋在車前的，成隐形的雪槽，不知有多少，這大概都是来往的大卡車弄出来的。這樣边走边鏟，大约经过了二十多个鐘，這才通过了最难走的一段路。在这段路上，抛錨在那里的汽車少説也有六七部，他们吃虧的是車上人没有我们这麽多，要鏟雪也不成。

到了哈尔科夫近郊，路就好走了。這里路上的雪是有人經常在掃除的。進了市区，就看見電車。据説，哈市房屋毁于战争者百分之六十，然而我們一路看来，燒剩个空殼子的大廈似乎並不很多，有些原来是四五層

的大房子打塌了上面的一二層，便索性拆成二層或三層，我们住郊外

到市内的旅社，汽車约走十多分鐘，總是愈热闹，旅社附近，万家灯火，行

人甚多。旅社门面很■壮■麗，似乎並未吃过炮彈，不过内部陳设是全新

的。我们在預先定好的房间内匆匆忙忙吃了頓很好的午飯，就乘原

車到大車站。車站全燬，此為臨时建築。九時半多开車，我们便

睡觉了。

二月五日，星期四。昨夜睡眠尚佳。一觉醒来，天已大明，遂起身。

这列車是哈尔科夫到莫斯科的通車，一日一夜可到，这在蘇联算是

短程的。車外风声甚厲，十時到奥勒尔，見站上行人為风所吹，屡屡

返身退走。史君下車，為我们至站上取開水，回來時竟至双手凍僵。

风吹積雪，滿空飛舞，十餘步外，对面不見來人。猜想起來，凍

结在哈尔科夫机場的四五架客机，今天一定不能起飛，我们幸而

改乘了火車。

午後5時許，到了B站，此地距莫斯科約一百三十公里，大風已过，車外溫度僅攝氏零下三四度而已。晚九時，到莫斯科，VOKS派了人員和汽車在站等候已多時了。回到薩伏衣旅館，進晚餐後即就寢。

二十日之南遊，至此告一結束。此行途中，交通工具兩次發生波折，幸虧羅寧君精明強幹，又不辭勞苦，故尚未至途「擱淺」。

二月七日，星期五，陰。清晨5時醒後不能再睡，挨到七時遂起身。但這時天還沒有亮。

上午整理書物，並洗澡。讀俄文「蘇維埃文學」月刊。三時午餐後小睡。5時，費德林也夫來，談南遊情形。據云：上次我托他購買之書，業已配齊，但仍須我去一看，作最後決定，因為我交給他的單子只說明書的種類而未有個別的書名。

九时晚餐后即休息。今日户外温度為攝氏零下十餘度。

二月一日，星期六。今晨七时三十分醒，八时起身，天已亮了。旋即見陽光射窗上，甚可愛，但因此亦預料今天必甚冷。後來知道户外温度是攝氏零下二十五六度。

上午史君來，略談即去。下午二时許，葉以群也未来，謂明日可到

今日在寓整理筆記，並讀英文「蘇維埃文學」月刊。

國際書店看所買之書。

二月九日，星期日，陰，霧甚濃。早晨户外温度為攝氏零下二十度左右，下午稍高，為零下二十餘度。

午後三时參觀莫斯科市蘇維埃區第九投票处。今天是最高蘇維埃選舉的日子，早上九时即見旅館門前馬路上來來往往的行人比平日

为多，想来都是去投票的。第十九投票处设在「建筑师之家」，（建筑师俱乐部），今日清晨门外已有多人等候，八时开始投票，第一个投票的，是一位二十岁的女子。到下午三时，已经有百分之九十五的选民投过票了，（规定在此处投票的选民共为二千三百二十八）。选举人进门后即在一间大厅内向办事员领取选举票。这一间大厅摆着两排相对的办公桌，极像商店的柜台，桌上有牌子，说明这是什么部分。选举人先出示身份证，经查对名单无讹后，即发给选票。然后他进入另一室。这里有票柜及用绒幕隔成的密室三间。每一密室内有小桌及枱灯，文具等，选举人在密室内写好了票，出来投于票柜内，即由另一门出去。

苏联公民凡年满十八岁者有选举权，二十一岁者有被选举权。没有任何职业，财产，性别等等的歧视或限制。所以这选举制是全民的，平等的。选举票上概不记名，所以是秘密的。人民直接（一次）选举最高行政机构的委员，所以是直接的。全民，平等，直接，秘密，这是当推选举制度的优点。各区选举事务由选区委员会筹备办理，这委员会是该选区的选民大会推举出来的，义务职。十九在投票处尽这项义务的，有著名音乐家（斯大林文艺奖的得者）及教授以候林。

同时回寓休息。

二月十日，星期一，阴，有雾，仍甚冷。本定今日参观历史博物館及工业博物館，但今天该二館都休息，只好改期。

下午叶约前也夫来，商定明日参观程序，并定于明日到门际书店看我所选购的书籍，并请门际书店代订新誌七八种。

二月十一日，星期二，晴。上午十时，塔斯社记者来访问，谈了些游历乔治亚和罗马尼亚的印象。下午二时，叶君与史君陪往傀儡戏院看戏。莫斯科傀儡戏院闻名已久，早就想去一饱眼福，但戏票购买也不大容易，蕾君去定了两次，今天总得到手。该院约可容观众四百余人，但莫斯科全市所能观傀儡戏之儿童何啻百倍此数，供不应求，可想而知。赴该院看戏的儿童大都是集团购票。

本日即有某校的两班学生由教员率领集团来观，人数约一二百人。入座以后，环顾前后左右，几乎全是十来岁的男女孩子，我们四个大人既似带领儿童们的教员，夹在中间，遂成为注目的焦点。满场儿童中，很多是佩有红领巾的儿童团团员。

本日所演的戏是「丰特拉的鞋子」。故事当然是儿童观众们所熟悉的，而演出的技巧，布景的瑰丽，尽臻上乘，无怪一幕既毕，小观众们都大鼓其掌。

看完了戏，已经是四时，即赴工业博物馆。这是进了机械的海洋了，眼花撩乱，不知看那一部分好。无已，选看了「劳动保险」，渔业，食品工业，航业等四个部门。五时许回旅馆。

今天上下午都有太阳，但因此天气很冷。户外温度为摄氏零下二十余度。

二月十二日，星期三，晴。甚冷，和昨天差不多。

上午十时，叶君与史君来，陪往国际书店看所定之书。国际书店在铁匠桥街，离旅馆甚近。这是专做国外生意的，没有门市部，他们为我选定之书籍，各科都有，总数在一千册以上，幸赖叶君和史君帮忙，我方能在三小时中间将所有各书大致作了个选择，除去十九世纪旧俄作家的一些集子及太专门的考古和工程书籍，留下七百余册。

下午一时半，访问莫斯科大学。学校长及文学部主任接待，谈了一小时光景，旋又参观莫大图书馆，此馆为大学专用，藏书一百五十万卷。（关于「莫大」，另纸记之。）

二月十三日，星期四，阴，有雪，但不甚大。八时起身，舌燥形晕，胸口作恶。今日决定参观「三八集体农场」，汽车往六十公里。不料天氣既不甚佳，而我又身体不適，太不凑巧了。

十时，葉洛而也夫等共三人来了。他们告诉我们：到「三八集体农场」路上约一小時半，应当多穿衣服，而尤其提防腿部受冻，必须穿氈長靴。他们準備了两双氈靴，供我们使用。（不用说，他们自己都穿了氈靴，而且備有比較厚而且大的围巾，俨然是特種装備）。

「氈筒子」（即氈長靴）我们以前在迪化時早经试过，觉得不大舒服，而又自恃腿部有特種装備不怕受冻，且坐汽车在雪地走一二小時的经验，我们在梯俾利司也有过了，因此我们辜负了葉君的盛意，不肯穿氈靴。葉君先想说服我，后来又想说服了太太再来说服我，但终于失败了。但我们毕竟也作了讓步，即同意把两双氈靴都带在車中。这樣我们在熱烈的辯論和說笑中吃過了早飯，每人都喝些酒，就上車出發，時為十一時。

後車走出了莫斯科市區，天就飄雪，飄雪天氣不一定冷，而車中自然比車外暖和得多，但我們一行連司機共六人噴出的口氣常々會在車窗上凝成一片霜，有礙司機的視綫，所以不得不開了一扇車窗，放冷空氣進來，走了一半路程約三四十分鐘以後，我們原先擔心的是腿腳怕冷，而此時實際經驗得的，倒是臉部和頸部如浴於涼水中。幸而

我的皮大衣領子還高，豎起來可以把整个臉遮住。

快到目的地時，我們看到路兩旁一幢一幢獨立的小木屋，這些就是集體農民的住宅。我們的車子終于在這樣一幢小木屋前停止了，有人出來歡迎我們，一位五十岁光景紅光滿面的壯健的婦人，胸前帶着四个獎章，她就是「三八集體農場」的經理也戈洛娃。

我們先到經理的住宅休息。這是我第一次看見了這種俄羅斯式小木屋的內容。木屋的外壁用整塊木材疊成，有榫頭，可拆卸，外部形式頗樸拙

可喜。进门是四五尺见方的小间，空无一物，大概北方的房子都有这么一个缓冲区域。

再进第二道门，那就暖气扑人，这是一明一暗并列的两间，明的一间可以说是主人们平日的坐起间和工作室，暗的一间是厨房；再进一门，那是很朗爽的长方形的一间了，陈设整齐，显然是主人的会客室兼书房，和这一间并列的是大小两间卧室，各有门，大壁炉即在此会客室与卧室之间，一个壁炉带了三间，暖和得很。

以上可说是正屋部分。至于储放杂物、养家畜家禽的附属披屋就在正屋旁边，也有正屋那么大小。正屋内外壁和油漆门窗，和平常房子一样，看不出墙壁是用整块木材堆叠起来的了。

客室的长餐桌上已经摆好了各种食品，点心，冷鱼，奶油，面包，酒，满满地去了多半盛。然而后来又端上来乳猪，鸡，羊肉，及蔬菜，又有肝泥或肉糜作馅的小面包。经理还说是乡下没有好东西，待慢了客人。

吃过了这一顿，经理就陪着我们去参观俱乐部，牛、马、羊、猪、鸡及蚕养場。与場相距有近四分之一里者，微风吹雪，冷倒在其次，最惱人者是那地上数寸厚的雪，这時可想起那氈長靴来了。在参观時，我们还坐了两次雪橇，这一方面果然是好玩，另一方面也实在因为我们走累了。我到今始知在深雪中步行特别累人。

回到经理住宅，又端上吃的东西来了，可是我实在还没饿，只喝了红茶。四时動身回莫斯科，到旅館已五时。

「三八集体農場」，是纪念三八妇女節的，这農場不大，僅五十户，我们所以去参观这一農場，無非因为它离莫斯科近，且在大路旁，汽车可以直達。全庄農民共一八〇人，有生產力者六十人（其中四十人为女性），战时僅四十餘人。土地共一五五公顷，一半用拖拉机耕作，又一半用馬耕。去年生產之穀類九十噸，蔬菜二六[illegible]噸，洋芋八十噸，牛奶十噸。有乳牛三十二頭，母猪十四頭，平均每母猪每年生產小猪二十五頭。现在共有猪四十頭，（小猪不計），鷄一五〇隻，去年補小鸡二百只。每母鸡每年平均产蛋数为八十枚。

至于农户私有的家畜，则为母牛一头，小猪一二头（此由集体农场从所有小猪中分给各户的），羊一二头，鸡十已十五只，其他如宅旁余地之菜畦等尚不计在内。（照规定，每户宅旁余地为三分之一公顷，农民可在此地上种植菜蔬及其他农作物，所得归其私有。）

去年，每劳动力从集体农场所得之物约计为：洋芋四千二百公斤，蔬菜一千二百公斤，粮食四百五十公斤，又现款二千七百卢布。（此依一年做满三百劳动日计算）。集体农民之子弟教育，休养，医药费，以及运输工具，都由公账担任。集体农场之管理部除经理外，有会计，书记，兽医及农业上之技术人员，几乎全是女子。经理（亦称主席）巴伐洛娃女士丈夫去世已久，现在儿子也长成了，进了大学。她所得的四个奖章，一为保卫莫斯科，二为工作优良，三为辛劳卓著，四为农业展览会得奖。

二月十四日，星期五，大雪，但较昨日为暖。

上午参观克里姆林宫，共三小时。克里姆林宫可参观者，有教堂部分及宫殿部分。教堂部分（仅在外面巡视一周，）没有进去，宫殿部分则从最古代的一直看到最近代的，所有的宫殿都走到了。有几处宫殿（古代的）正在修理；专门技师坐在高吊的木板上在补绘壁画。据说，指导克里姆林宫的修理工作的，是苏联学术院会员伊古尔·格拉拔尔和建筑师尼古拉·维诺格拉道夫。克里姆林宫最古的建筑完全是俄罗斯风格，建筑和工艺饰完全出于俄罗斯艺术家之手；及至十四世纪，外国的建筑师才被请来了，有名的乌司本斯基教堂即为有名的意大利建筑师亚历士都德·亦涅辣文蒂所建筑，而内部壁画则出于希腊画家席渥芬斯之手。自此以后，俄罗斯风格与西欧风格即在克里姆林宫中各显身手，至数世纪之久，终乃浑然融合自成一体。

克里姆林宫居莫斯科之中心；在地面上，莫斯科市区仿佛是几个环套，而最中心的奎珠就是克里姆林宫的衛城。

我们在克里姆林宫内也参观了现■在作为最高苏维埃办公的部分以及最高苏维埃开会的会場。最后参观的便是有名的武器庫。

所谓「武器庫」，在古代实即沙皇们储藏金、銀、■珠、宝、皮毛、古玩、錦绣，等々貴重物品的大庫。所有这些物品，大约可分三類：一為武器，二為日用品（傢俱，器皿，装飾品），三为御輦及御用馬具。现在这武器庫是国立博物館，这一座大■楼是仿古拄一垂在一八五一年建造的，距今已将一百年了。

歷代沙皇及皇后御用的東西，——從宝座，宝辇，武器，軍服，■冕，袍，乃食具，至于玩意，歷代沙皇所收到的外國帝王送来的礼物，■形形式式，構成这博物館的内容。这大量的珍物中间最古的，有傳國的皇冕，從佛拉德弥午·摩诺赫到彼得第一，御登位时戴这宝冕。又有彼得第一的遺物很多，例如他所用的武器，■■，他親自縫成的長靴，以及他在造船廠中工作时穿的黑衣。最有意義的「古董」，一是拿破崙的塑像。这塑像是一八一二年拿破崙進攻莫斯科时親自從法國帶了来的，拿破崙急於想把这塑像豎立在征服了的莫斯科，但沒来得及，倉皇逃遁，便把这塑像扔在格罗曼斯克村。此後又被運入「武器庫」，在那里永久做了俘虜。另一件是瑞典的卡爾十二世在波尔塔瓦一戰敗北時所丢棄的聖經。最新的一件則是此次戰爭中在德國某城的郊倉中所發見的一柄宝劍，这宝劍上有精巧的雕鏤（嵌銀的），表示俄罗斯軍隊在戰場上粉碎敵人，有字，註明这是烏拉尔巧匠所鑄造。这大概是紀念俄罗斯軍隊戰勝敵人（或许是瑞典）的东西，不知怎的落在德人之手，現在却物歸原主了。

二月十五日，星期六。大雪。听说今年莫斯科——不正常暖多处，雪特多；这是丰年的預兆。

昨夜睡眠不佳，此乃过度疲勞後之经常現象。十二時訪問卡泰耶

夫（一苏联有名的作家，小说「国的儿子」极受欢迎）。卡氏所居在一公寓，室
室、书房、卧室等，共有四五间，书房不大，进去了我们四人便显得
挤了。卡夫人慇懃地招待我们用茶点（宜有酒）。我们天南地北随便谈着，彼此不拘（卡氏很能饮，但近来因为身体不好，也少喝了）。
客套。卡氏有子女各一，都还年幼。我带了中译本「国的儿子」送给他，那上面
有我的签字和图章。他对于中国的图章很感兴趣。他送给我一本「国的
儿子」最新版，也题字签了名。他用的是一枚「原子笔」，他对我说：「这是一个美国
回来的朋友送的。不必加墨水，可用一二年，也还方便。」但当我回答说：「中国称之为原子笔，
上海重庆昆明等大城市都有出售，」他似乎有点惊讶。当然，他不会想像
到这些于中国的无量数美货之中，不但有枪炮，也还有原子笔以及其他各
式各样的文具。全付美式配備的不但有士兵，也还有摩登的女人！（关
于访问卡太耶夫，另文记之）。
三時回寓午餐后稍睡片刻。因为叶君说起廣播電台要我去

廣播五分鐘，故預先寫了大約可讀五分鐘的廣播詞。

七時，瑪亞與徐同來，聽說我們不久將返國，不勝惆悵。

二月十六日，星期。今晨七時醒來，不復能睡，即起床。八時頃陽光照射窗上，連日大雪，今天果放晴矣，度必甚冷。

約定今天下午一時許訪問兒童文學作家馬尔夏克。十多年前，中國就介紹過這位偉大的兒童文學作家的關于兒童文學的理論和他的作品。一月二日，我赴蘇聯作家協会招待茶會之時，第一次遇見馬尔夏克。他對于中國新詩，民謠，民歌，民間故事，中國新童話書々，都很有興趣，極希望得到這些材料。今天既然登門拜訪，很想帶些他所注意的這一方面的新材料送給他，可是搜遍行篋只有一冊「馬凡陀的山歌」，便帶在身上。由此我又想到此次我從中國帶出來的材料還是太少。

馬尔夏克也住在公寓裡，——不過是另一公寓，不是昨天去過的住着卡吞耶夫的公寓。馬氏今年十月將慶六十大壽，他有一位少爺是物理學家，已經抱了孩子了，不住在一起。馬夫人有老病，常年卧床不能起，没有見。馬氏在他的會客室内招待我們，室際相當大，但傢俱、書架、鋼琴等等也就擠得相當可观，我們圍一大圓桌而坐，一面吃茶点，一面隨便談話。酒有三四種，可惜我不能飲，略嚐而已。馬氏雖已六十，但精神極好，極健談，他听得我說「馬凡陀山歌」是運用中國南方民歌形式的，大感興趣，（事實上，不但馬氏，我所遇見的蘇聯作家和藝術家對于中國文藝之民族形式都極有興趣而且關心），他要求我試就「馬凡陀山歌」朗誦一首，意欲聆其韻律。我乃選一首，並請翻譯史君先譯述大意，然後朗誦。他也朗誦他自己的一首詩給我听，並說他的作品都是為最小的兒童們寫的，他問我：「馬凡陀的山歌中國兒童能不能理解？」我說：「大概很少幾首能為中國兒童所理解，因為這些都是政治諷刺詩，原來不是為兒童作的。」

馬氏的「為最小的兒童服務」的作品都用詩的形式寫的，他也寫兒
童劇，也是韵文的。他送我一本他的兒童詩劇「十二个月」。馬氏不但創作，
也翻譯；他譯的莎士比亞的「商籟」和本斯（R. Burns）的詩，在蘇
聯是被認為很好的譯文，不但保存了原作的神韵，且有勝于原作之處。
我們一边吃點心，喝酒，一边談，不知不覺已二小時；馬氏担任社会工作很多，
談話時不斷有電話來，我們屡次覺得不便太佔用他的時間，起身要
告辭，他都留着再談談。直至四時我們方珍重握別。（關于訪問馬氏的詳情，另文記之。）
從馬宅出來，因為看見天氣實在好，陽光如黄金，我們便驅車至郊外
郊外麻雀山觀滑雪。麻雀山离市區十七公里，一路去时，地勢即漸高，故
到了那里不覺身在山上，但遠望市區已在腳下。山上有一个教堂，相云
當年拿破崙進犯莫斯科時曾在此瞭望莫斯科形勢。
五时半，歸旅館午餐，休息二小时，又赴「卻以考夫斯基音樂廳」

观斯拉夫民族舞。節目计有俄罗斯民族舞，白俄罗斯舞，波兰舞，提克舞，斯洛文舞等，其中有「拜芋舞」者，表现拜芋之播种及收获，舞姿极为优美，观众大欢迎，鼓掌一再要求「再来一次」，终于再舞。休息後，「海军舞」上场了。舞队也都换穿了海军制服。百多人上场，表现了军舰上的生活，——上操，开船，水手作战。作战一段，极为紧张，掌声满场。

卻以考夫斯基音乐厅是革命後建築的，为纪念十九世纪伟大的俄罗斯音乐家卻以考夫斯基，故名。这是苏维埃时代美丽建築之一，全场装饰朴素柔和。巨大而美丽的休息室的一部分陈列着卻氏纪念品，另一个雅致的是卻氏博物馆；在克林城（这是卻氏晚年所居之地）另有卻氏博物馆，战时德军入拠克林，把这博物馆破坏了，但现已重新建立起来。

十一时半归旅馆晚餐後即就寝。

今日很冷，户外为摄氏零下二十余度。但下午驱车赴郊外麻雀山時，見路上雪陽光處積雪已在溶化，春已姗姗地來了。

二月十七日，星期一。晴。晨六時半醒後不復能睡，七時半起身。

上午不出。下午三時訪問K・西蒙諾夫。因為某種原因，我們遲到了，在西蒙諾夫寓所門前剛按了電鈴，西氏夫婦就開門相接。顯然他們倆等候已久了。西夫人瓦倫汀娜・塞羅娃是有名的演員，下午要去排戲，但因為要在家等候我們這兩個中國客人，書已過時了三十分鐘。在這道中，我們一面脫大衣，一面道歉來遲，西夫人和我們寒暄了幾句，說明理由，不能親自招待，表示抱歉，就匆匆趕去排戲去了。西蒙諾夫請我們進他的會客室。他住的也是公寓房子，他這會客室是長方形的，不很大，牆上掛的，桌上擺的日本玩意兒很多，因為他去年到過日本。

照例端上來茶與葡萄酒。西蒙諾夫今年不過三十一歲，但他的作品已經翻譯成好幾種外國文，他得過四次斯大林文藝獎。他說話很爽直，而且富于风趣。和这样的一位主人谈话，与我们是脱离了一切，无所不谈，如果不是七时以后还有个约会，我们是不会在8时就离开他的寓所的。（关于访问西蒙诺夫，另文纪之。）

回旅馆吃过中饭，略作休息，便赴VOKS参加漫画家的座谈会。这是VOKS特地为我布置的。上次我把从国内带来的木刻交给VOKS请转交苏联的木刻家，并希望访问若干木刻家，VOKS就布置了这个座谈会。但是美中不足，今天到的还是漫画家，因为木刻家住在莫斯科的本来不多，郊外乡下尚有几位，且已约过了，但想来适逢他们有事，今天并未到会。漫画家到者十余人，其中有女漫画家二人。

他们都看过"抗战八年木刻选"及西北木刻家的作品。他们对于中国木刻之进步极为钦佩。特别是内容之富于战斗性。他们以为有些木刻是当作书籍的插画用的，而另一些是为作宣传画用的，因问原来尺寸有多大，经我说明大部分是用在壁报上，和漫画相同，他们大为惊异。他们说：在战时，他们有一种在战壕里编印刷的小型报，名为「前线真理报」，专供士兵阅读的，也常经用木刻代替漫画；不过后方的刊物上还是用铜板画和漫画。我说：在我们抗日战争时，我们后方印刷界铸板之困难不下于你们的前线，因此大部分刊物也有插画，往往多用木刻。但木刻印在刊物上，实在是抗战前就通用的了。

VOKS有速记员记录我们的谈话。但因为我对于木刻或漫画是个外行，所以谈话还是漫谈的性质，我问了他们一些苏联的情形，他们问我一些中国的情形。他们并说：今天惜无木刻家参加，他们拟将我带来的材料转给他们，请他们用书面写出意见，然后再交给我带回去给中国的木刻家。

座谈完后，即在VOKS之放映室观电影「伟大的转折点」。这是以斯大林格勒保卫战为题材的，编剧和摄影技巧都很成熟，尤其它的政治教育意义，极受苏联人民重视。

十时回旅馆，晚餐后即就寝。

二月十八日，星期二，阴。今日不出外参观，在旅舍写"抗战时期中国文艺概观"，长约五六千字。这是叶洛而夫也要求我写的，他打算将来译成俄文后在什么刊物上发表。

为了写完这一文字，直到夜二时后方就寝。

二月十九日，星期三，晴。昨夜上床虽已不早，但今晨八时即醒，不能再睡。十时赴广播电台，读以前所写之底稿，以便录音。这是我从来没有过之经验的，不免矜持，谈时气急，而翻动纸张有声亦未注意。录音既毕，马上放送出来给我自己听，我觉得不是我的声音，而换气时之轻喘，乃至纸张翻动之声都颇清晰，自觉可笑。

从广播电台出来即赴医院检查身体。先在院长室和院长详细谈过我二人之健康状况——从前患过何病，现在有何病象等等，然后已各部门分别验血及照X光。这医院是指定为学术文化工作者专用的，外国人也来这里诊治。规模很大，来诊者男女都有，许多大的候诊室都坐满了，但看他们的面容也实在都和我们二人一样，不是现在有病而是提防有病，来这里诊断的。验血和照X光二处门庭若市，不得不按号码挨次排了。此院无病房，故凡住院疗养者，例由院方再介绍其他病院。

二时回寓午餐。四时访问N·吉霍诺夫。这是第二次和他会见。前次在初到莫斯科时VOKS的宴会上。吉氏夫妇殷勤招待，先在吉氏书房中谈了些时候，看了列宁格勒被围时城中生活的许多照片，——吉氏当时即在列宁格勒，曾写了一本书，述围城中人民奋勇保卫此名城之故事。后来又在客厅中吃点心。所谓“点心”，其实是满满一桌各式冷盘，面包，点心，酒。吉氏年已六十，但热情胜于年青人。他喜欢收藏各国民间艺人所制作的小雕刻，自神佛人像以至小玩意，收罗极多。又见到了他的三岁的义女，——列宰格勒圖城中他收藏的研究，——这位陈儒的小姐立刻和他也做了好朋友。

七时，告辞回寓。（关于访问吉霍偓夫，另文记之）。

晚餐后稍稍休息。九时，医院的看护来为我洗肠。因为我的胃不太好，医院拟为照X光，故今晚先来洗肠，并嘱洗后不可再进饮食，甚至不可饮水及吸烟，而明晨八时尚须再洗一次。本来检查胃部尚有别的方法，即探管入胃，取出胃汁，但此法略有痛苦，故改用照X光这一方法。

连日便秘，睡眠不甚佳；经此一洗后，酣睡通宵。

二月二十日，星期四。晴。晨七时许醒来，计已酣眠十小时，然仍觉不足。但八时顷再须洗肠一次，不能不起来了。

洗肠后略休息。又朦胧入睡。十时许，翻译史君来，即同赴医院，至X光部，先饮白粉水然后照验，照时又饮。白粉水甚浓厚，无味，然而也不太好受。胃部检验既讫，已得结论。旋又至另一室检验神经系。至是，女医师始得罗娃乃就全身检查之各报告开列药方，谓我别无病症，仅因年龄关係，精力稍差而已。

一时半回旅馆，三时午餐。旅馆之各层客房，上月起已在轮流粉刷油漆，现在轮到我这间房了，于是搬到四楼。

二月二十日，星期五，小雪。九时起身，而觉疲倦。整理书籍，凡携带回中国者，都装了纸箱。

十一时，叶以亦也夫及史君先后来了，旋即同往参观一次。托尔斯泰博物馆。此为托翁在莫斯科之住宅，二层的楼房，并不怎么大。据云，托翁博物馆共四个，此为其一。此馆所表现者，为托翁晚年生活之一部，盖托翁于一八八二年购此屋，住了差不多二十年。一九〇一年五月，托翁归居耶思那耶·博良■那，此后即不再来莫斯科了。■托氏死后，夫人把这房子卖给当時的莫斯科市政府。市政府所以收購此屋，自然也因為托氏在國際的声誉太高了，不能不作一个也敬重此老的姿態，将他的故居保存起来。而是事實上並不注意管理，房屋及遺物，年有損坏。十月革命後，蘇維埃政府乃大加整理補充，一九二〇年明令成立为博物館。（關于「托博」，另文記之）。

除「托尔斯泰博物館」出来，又参观了「奥斯托洛夫斯基博物館」。

這就是奥氏生前所居直到病死的家，大公寓房子裡的兩间大房和三间小房。

奥氏的傑作「鋼鐵是怎样鍊成的」在蘇聯差不多成為人人必讀書之一，戰時士兵在前線戰壕裡此书亦是伴侣之一，有些傷兵從戰場上被救下来时，他的衣袋裡経常也有這本书。在蘇聯，此书共有四十三種文字的版本，到一九四八年十月一日止，共印一八八版，二百六十四万册。奥斯托洛夫斯基出身貧苦，八岁时進過初級小学，十一岁即自謀生活，当過火車站餐室裡的小茶房，車站材料房的小工等等；十三岁时，十月革命爆發，他立即投身革命，十五岁時，他就参加了鎮压白軍的战争。一九二一年，内战结束，社会主义建设开始，他回到工厂，此后又從事于党的政治教育与组织的工作。一九二七年，得了半身不遂症，后来连眼睛都瞎了，然而他不肯「从战线上废位」，他觉得他手脚虽然不能动，眼虽然不能看，可是还有脑，有口，他还可以用口授的方法来從事于写作。一九二八年他就开始他的自传的「处女作」：「钢铁是怎样炼成的」。一九三三年出版，立即风行全国。他接着再写「暴风雨中诞生的」，第一部完成后不多几天，他就逝世了，时为一九三六年十二月二十日。

「奥斯托洛夫斯基博物馆」的第一室即为奥氏生前口授作品之室，「陈记」负即居于此；「從暴风雨中诞生的」亦即在此室所作。此室所陈列者为奥氏早年生活的画片，遗物及文件。「钢铁是怎样炼成的」原稿印本等等。第二室所陈列者，表示了奥氏晚年的生活。他的著作的外国文译本亦陈列于此。第三室为奥氏生前的卧室。床，桌椅，一切都如他生前原样摆着；床上尚

**写这些宝贵的纪念品来的士兵，都是从斯大林格勒直攻到柏林，，从顿河直攻到维斯番拉河的；其中有一位写了这些纪念品来的近卫军的士官写道：「这些书是和我们一同作战的！」

××××奥氏生于乌克兰的普边托夫卡镇，战时在此镇上亦有一奥氏的博物馆，战时此镇曾遭德寇焚掠，馆亦毁。现在已经重新建筑起来了，陈列图片，文件，照相等，共三百件。

有一長柄軟鞭，这是他自己挑背用的。第四室為紀念他的東西，其中有一玻璃櫃，裝滿了此次战争中前线的士兵们寄来的奥氏作品的印本，都有彈痕，有血跡。贴上大字，則為羅曼·羅蘭写给奥氏的信中的话：「你和你的伟大，自由而解放的人民是一体的，你溶化在他们之中，而他们溶化在你之一身。」

参观完毕，館中職員又開放一唱片。这是奥氏生前録音的，為奥氏自诵作品中的一段。奥氏生前，蘇联政府曾为他在高加索的沙漠建一別墅，这別墅現在也成為他的紀念館。

××××

四时返回旅館午餐，即不復出。晚七时，索司蔡来電話約明日十时来。

二月二十二日，星期五，大雪。上午十時索司蔡来談了一小時。

傅大使今晚請客，下午六时許，大使館汽車来接。今晚傅大使所請，除VOKS的副会長夫人，及常務理事，文学部東方部各主任，尚有作家藝術家多人；但今天適值最高蘇维埃開会，法捷也夫，西蒙诺夫，吉霍诺夫，李昂诺夫皆不能到。作家及藝術家到者，有蘇尔巴都夫，穆尔科夫（诗人及「不大墨」

周刊来函，龚却洛甫斯基（画家）。龚氏为初會，然而一見如故，他説我前生也曾時常識

徐悲鴻君，詢及徐之近況。龚氏今年七十一岁，精神好極了，健谈勝于青年。

他的夫人也在座，精神也很健旺。龚氏不吸煙。他為我谈他如何「戒煙」的經过。

他説他本来煙酒两项都很喜欢，但夫人却以為他应该戒煙；那时，他担任

的職務每天有些例行公文須簽字，一日，夫人以数张给他，他以為都是例行公文，

不及细看，都簽了字，夫人乃抽出其中一张给他看，原来是戒煙的「保证」。龚氏大笑地

笑着説：「我本来可以不承認这条约，但因我和太太的感情太好了，所以我还

是承認了，现在绝对不吸煙。」

本晚是大使館厨房自作的中菜，蘇聯客人都很讚美。宴会到十一时

始散，仍由大使館汽車送我回旅館。

二月廿三日，星期，小雪。九时起身。昨晚在大使館得悉大画家龚却洛

甫斯基個人画展正在展覧，因约葉汝舟夫夫妇今日往观。十二时，葉君来

了，因画展所在地离旅馆甚近，即步行往。梵氏为荷兰现存三数老画家之一，地位很高，生平所作，凡数千幅，此次展览者约百数十而已。大幅小幅都有，备极精采。一进去时，即见静物数帧，鱼肉野味新陈，使人谓骤观之疑为真物，不禁馋涎欲滴。

一时即回寓即不复出。晚装行李，旋即小睡。盖定于今晚乘夜车赴列宁格勒观光也。

七时，叶待前也夫及史君先后来了，叶君说绝罗宁君已在车站相候，于是我们即乘汽车出发。到车站时，离开车尚有半小时。今日为红军节，晚八时将鸣礼炮并放烟火。莫斯科—列宁格勒「红箭快车」很不误点，八时开车，庆祝红军节的礼炮也响了，从车窗外望，见天空探照灯光交错四射，红、青、黄色之火花此起彼落，甚为美观；惜车行甚速，转瞬即不复可见。

「红箭快车」较西伯利亚通车及莫斯科—华沙通车尤为华丽而舒

過；小汀甚熱，比國甚太熱，上半夜竟不能入睡。

六月廿四日，星期一。九時起身，天已明。離列城想已不遠，車窗已見戰時所造的工事——防禦坦克的「龍齒」。十時許，列車進站，風雷交作，俄乎比亞斯科洛些。VOKS駐列城招待員某女士在站迎候。出站後即赴阿斯托旅館。絕羅寧君為我們預定的房間甚大，在三樓，帶浴室，從臥室窗外望去，伊薩克教堂即在窗下，而對書房窗外的，便是尼古拉一世的銅像。

下午三時，訪問科學院東方研究所。會見了漢學家阿歷克舍也夫先生（科學院會員，及東方研究所所長），又其他數人，內中有一位就是研究「管子」的斯坦因博士。阿歷克舍也夫先生操北平話，自謙說的不好，可是在我聽來，他實在說的北平話的不差。他問候了郭沫若先生，並詢及郭先生的近況。又談及戰時他的四個學生死了，非常痛惜。談了一小時，所談甚多，並約定後天下午我在東方研究所作一次關于中國新文學的報告，並參觀研究所附屬的圖書館及大學圖書館所藏「永樂

※拉司式列里的另一建築，就是"斯摩纳尔学院"。十月革命时，这学院是革命军中央委员会的所在地，因此，这学院也是苏联历史上有名的地点。一八三七年，冬宫曾遭火灾。沙皇尼古拉一世又重建起来，把她築得比从前的更奢侈更華丽。沙皇命令赶期完工，时值隆冬，工作昼夜不息。为使墙壁速乾，宫中大厅临时装的大火炉，烧到摄氏三十度之高热，油漆工人须戴特製的"冰帽"始能不晕。（冰帽是把冰块放在帽中，使头部清凉）。冬宫全長二百[illegible]公尺，高二十二公尺，宽一百六十公尺，三層。因为冬宫高二十二公尺，所以尼古拉一世曾下命令：首都房屋不得高于二十二公尺。在历史上，冬宫是沙皇專制政权的象徵。一八二五年十二月党人起义，一九〇五年请愿人民遭屠殺，他们的血都曾洒遍了冬宫面前那一大块广场的。冬宫正门前雲石階级凡一百十七级，全宫大厅共一千〇五十个。冬宫连同排在东边什藝術館和戲院，共佔地约九公頃。

大典」殘本。

從东方研究所出来，即参观列宁格勒兒童宫。我们曾在梯俾利司参观过那里的兒童宫，现在又参观了列城的，比較之下，然後见出列城的兒童宫规模之大，恐怕在全苏联也是数一数二的了。我们在梯俾利司化了三小時多，把兒童宫全部看完，但在列城，同樣的化了三小时，却只看了其中的一部分——技術部。（関于「列宁格勒兒童宫」，另文紀之）。

七時三十分回旅館，旋即進午餐。倦甚，十时後即就寢。

在日下午见陽光，但风甚大。

二月二十五日，星期二。九时起身，见陽光四耀，精神为之一爽。但仍觉疲倦，时时头暈。連日大便不甚暢通，此当为身体不適之一因。

上午十一時参观赫尔米达什藝術館。这本是和冬宫相联的。冬宫初建於一七六二年，为建築师巴尔土洛米哇·拉司戊列里的傑作。*藝術館的各部分则既非出于一手，亦非成于同一時代，最後建成的部分距冬宫之落成有二半世纪以上者。革命后，冬宫改为革命博物馆。战时列城被围，革命博物馆停止参观，今尚在修理内部，艺術馆受房屋损亦巨，今开放者亦非全部。我们进去以后，馆中的负责招待员问我们拟用多少时间来参观，我们答以约为四小时，她就说，那只好看很少一部分了。又问我们打算看那一部分。我们回答「随便」。于是，这位精明的女招待员为我们设计，最重要部分看得仔细些，次要部分「通过」而已，不重要部分简直不进去。我们当然同意她这计划。

按照次序，我们先看了原始文化部及古代文化，此为十五年前布置完成者，挑选最古的东西，约为二千年前之物。各物之中，我感到兴趣特别的，有乌拉尔泰出土之木棺，出土时与棺同出者尚有马尸十具，今尚保存其一，及马鞍，马所用之面具等等。又有黑海附近出土之古物。其次又看希腊、罗马部分，此中希腊古铸甚多，亦还珍贵。西欧名画部，自文艺复兴诸大师以至十九世纪诸大家，所藏亦富。镶嵌细工之部，欧洲的与俄罗斯的，五光十色。瓷器，东方及西方的古代货币，珠宝古玩等部门，则仅「通过」而已。

据云：列城被围攻的三年中，藝術館凡中大炮弹三十二枚，炸弹二枚。战争一开始，当局并将馆中最珍贵的物品移置他处，此全部百分之十分之陈列品何能尽移，故留存者当在百分之八十以上。这就全赖馆中职员的努力，方能保全。当时全馆职员，上自白发苍苍之专家，下至青年女职员，分班昼夜守护，有的留住在屋顶，有的留住则在地下室。他们不但须与敌人的炮弹炸弹斗争，并且须与严寒冰冻斗争，有一时则因水管破裂，更须与泛滥的地下室（这里临时放了许多珍贵的陈列品）的水作斗争。围攻的三年中，该馆所有窗上的玻璃几乎全部被震碎，事后收拾这些碎玻璃总计有数吨之重。

但这一切破坏的痕迹，我们已经看不出来了。仅有数條之曲綫及画壁色彩较新，使人想起这是曾经修葺过的。

三時三十分回僑略作休息，又乘車巡遊全市。按：列寧格勒於一七〇
三年，彼得第一所建，原名聖彼得堡，一九一四年八月改名為彼得格勒，
（堡是德國語，格勒是俄語，意為「城」）。一九一四年之所以改名為「格勒」，然
因當時帝俄正參加第一次世界大戰，對德作戰，故不願見京城之名有德國
色彩（影），十月革命後，為了紀念列寧（一九二四年一月廿六日），又改為今名。一九一八年三月以前，它
是京城，革命後，首都遷至莫斯科，它不復是蘇聯的政治中心了，但仍
然是可與莫斯科相並列的文化學術工業的中心。
列寧格勒位於涅瓦河口，實在是建於河口三角洲的一百〇十島上的，有大小橋
五百四十八座以為聯系。當初是荒涼的漁村，經過彼得第一的雄才大略的
經營，以及後來數世紀的經營增華，現在是世界上最美麗而雄偉的都市之一。因為一切都是有計劃建築的，所以街道
都是既闊且直，著名的大建築則有冬宮，斯摩爾尼宮，海軍衙門，加桑
教堂，伊薩克教堂等。帝俄時代，列寧格勒的工業本已發展，革命後

经过三个五年计劃，面目更非昔比，据云，一九四一年（即此次战争的上一年）列城的工業生產已為一九一三年（即第一次世界大战的上一年）的二十倍。

五时回寓午餐，稍休息，七时二十分赴「柴霍列寧勋章■紀念基洛夫■歌舞戲院」观歌戲「杜布洛夫斯基」。这是根据普希金的小説改编的，（普希金这部小説，中國有譯本，改名「復仇艳遇」，）四幕五場。■■劇，演出的各方面都是尽善尽美，与莫斯科大戲院不相上下。基洛夫戲院原名為瑪林斯基歌舞戲院，後因紀念基洛夫而改今名，基洛夫是蘇联著名的革命領袖，一九三六年在列寧格勒被托派所暗殺。現在全蘇各地冠以基洛夫英名的工廠學校多到不可勝數，固不僅列寧格勒一地為然也。戲畢，已十一時，回寓進晚餐後即就寢。

二月二十六日，星期三，陰。上午九時起身，入浴後早餐。十一時參观红旗棉織廠，此廠战前職工一万二千人，每天出品——男女袜及汗衫等，共二十七万件。战時人員减少，但工作未曾停止。现已在「隐蔽」过程中，全厰男女工人三千五百人。我们除参观工厰部分外，又参观它的附属病院，托儿所，俱樂部等等，一共也化了三小时。（关于「红旗厰」，另文记之。）

一時三十分，赴蘇联作家协会列宁格勒分會的茶會。房子本来是谢主鲍吉夫伯爵的私邸，很漂亮。最大的一个廳现在作为大會堂，台上红丝绒横幅，金字，是一句口號："我们要继续文学应当以人民及祖國的利益为前提。"有一室专陈列作家们在围城中所写的作品，以及在围城中犧牲的作家们的相片。战時，蘇联作家上前线者共計九百四十五人，犧牲者二百七十人，其中屬于列宁格勒分會者亦有二十人之多。列宁格勒作家们又曾出板了一種专供前线士兵阅读的小型報紙，名为「斯大林的旗幟」，亦陈列于此室中。事實上，列宁格勒被围三年，是直接處于火线下的，围城中的作家们写作不辍，其精神极为佩服。

东日到作家二十馀位，其中有一位诗人，看样子不到三十岁，苏联对日宣战后，他随军到过朝鲜，也到过沈阳。他今天还穿了军服。据说，不久以前，大家穿的都是军服，至于这位诗人乃因春服尚未缝成，故未换装。

我问他们：除了吉霍诺夫的小说集与诗而外，还有些什么关于列宁格勒保卫战的文学作品，他们告诉我下列各书也是最好的：却可夫斯基：「这是在列宁格勒所经验的」，「列達」（人名亦即书名）。罗喜（在炮队服务）：「围绕後前进」。克拉式：「严厉的湖畔」（小说）。吉式林斯卡夏（女作家）：「在包围中」（小说）。徽宁：「船上之光」（小说，写波罗的海海军的）。庞扬诺夫，勃拉考夫，華尔高列支（女作家）等三人的诗集。

自此，他们也问到中国作家们在战时的生活，作品等等。

谈了一小时许，开始茶点了。（这是在另一间，名为「中国厅」。）倒有许多冷点，有好几种酒。他们说，从前那位伯爵把这一间叫做「中国厅」，可是他们知道这还不是真正中国建築的形式。的確，这一间「中國飯厅」精緻是精緻了，中國风味却並不多。

吃茶点的时候，主人们中间先後有五六位起立致辭，並说中苏人民友谊，中國作家健康，也说中國婦女。我也回敬他们，也说了两次话。虽然仪式上好像很公式似的，但是彼此的谈话都不拘客套，不知不觉我多喝了几口，臉全红了，心发跳，趕快告辭。而这时候，東方研究所却也打電话来問了。

三時三十分赴東方研究所，听报告的早已擠滿了一室，共约百人，女子居多。

这时我肚子裡那几口酒还在作祟，头腦昏脹，我想这可糟了，恐怕不能作报告。幸而阿歷舍也夫先生的開会词相当長，使我赢得时間把酒略为醒一醒。阿先生的開会词中，对于中國文化推崇備至，並说中國介绍苏联的书，比苏联介绍中國的多了一千倍还不止，所以蘇联的中國研究者应当加倍努力云云。

阿先生说到这一段话时，態度極为嚴肅，決非外交词令，然而我听了，却很觉得难为情。就翻译的书来講，中國译苏联的书確乎多些，然而倘就一般中国人对于苏联了解之程度而言，我以为苏联人民一般的对于我们中国都有比较深刻而正确的了解。我们的知识份子（甚至大学教授）中间也还有不少人对于苏联抱着不正确的成见，把一些对于苏联的歪曲而诬蔑的报导认为可信的材料呢！

我正在这样想的时候，阿历克舍夫先生也的开会词也完了，于是我就开始了我的中国新文学运动的简要报告。

五时，阿先生陪往参观研究所的图书馆。因为这是东方研究所的图书馆，藏书自然不限于中国。时间不多，只匆匆看了看。西夏文的材料很多。据阿先生说，现在苏联也没有通西夏文的人，所以此等材料暂时亦仅保存而已。

之时与同寓午餐。七时赴戏院观舞剧「天鹅湖」。这就是莫斯科大戏院所演的，却以考夫斯基的杰作，莫斯科大戏院的，我们已经看过；但此次所见，不但布景不同，情节亦大有出入。单就布景而言，我觉得列宁格勒的尤其美妙。

十一时返寓，晚餐后即就寝。

二月廿七日，星期四，陰。八時起身。十一时参观十九世紀大詩人耐克拉索夫（N. Nekrasov, 1821-1878）博物館。館址即耐克拉索夫住一八五七年—一八七八年他死，共住了二十年的房子。列城保衛战的時期，此屋頗有損坏，去年秋季方才修葺好。这一个博物館的内容曾经化費了科学院文学研究所的研究員们很多的时间与心血。他们搜罗了許多的舊画，木刻，相片，通訊，回憶，以及其他文件，然后比較研究，而把这位大詩人的故居的内部陈設在他逝世七十年后的今天再現於万千崇拜者之眼前。曾经很小心地把牆上糊的紙一層一層剝去，那望能有所得；因此，后来在揭下来的一層中發見了小片的舊雜誌「声音」（一八五七年出版的），而在这上面还留存着一種牆紙的花式，于是得了一些线索，大有助于「恢復原样」的工作。现在这耐克拉索夫博物館共五室，不但表示了这位大詩人最后二十年的生活，也表示了当時进步文壇的一般情形。（関于耐克拉索夫博物館，為文化之。）

从耐克拉索夫博物館出来，又去参观了「國立薩尔蒂考夫·薛特林图书館」，这图书館的前身是「帝国公共图书館」，一八一四年成立。革命後改今名，（為了纪念伟大的作家薩尔蒂考夫·薛特林），大加扩充，藏书千万卷，其中有珍贵手抄本及原稿（古代文学，历史，军事，政治都有），共約三十万卷，大军事家苏瓦洛夫的手写札记亦在内。又有福耳特耳（Voltaire, etc.）的藏书两橱。全館工作人员五七六人，其中約二百人為研究工作者，除為行政及事務人員。我们看了东方部及原稿部，东方部藏贝叶经頗多。

旋又至大学图书館看「永樂大典」残本。这一共是二十卷，計第五三八卷—五四一卷，「一東」之部，凡五目，—容，頌，溶，蓉，庸；第五二九六—七卷，「十三蕭」之部，凡一目，—貂；第五四五三卷，「十四爻」之部亦一目，—郊；第一〇二八六—七卷及一〇三〇九—一〇卷，「二紙」之部，凡二目，—子（内收道家子书五种），死；第一四〇五三卷，「四霁」之部，凡子目一一祭（祭文十一及十二）；第一八四〇二—三卷，「十八漾」之部，凡子目一一状，（谢状三及四）；第二一〇二九—三一卷，「三術」之部，凡子目一一律，（内收：沙弥尼戒经，舍利佛问经，目连問戒律百轻重事经）；第三二一八〇—一卷，「八陌」之部，凡子目二一陌，麦；第三二五七〇—一八卷，「九缉」之部，凡子目一一集（大方等大集经十五、十六）。

四时，赴广播電台，作三分钟广播。自听録音，觉得比上次在莫斯科的要为自然些。旋又被塔斯社记者所访问。五时回寓午餐。

七时二十分赴「模範劳动红旗勋章普希金戏院」观话剧「祝福海上的人们」。这是一九四六年斯大林文艺奖的得奖作品，作者为鲍列斯•拉佛连涅夫（Boris Lavrenyov）。此剧凡四幕九场，佈景，有在码头上，军舰中，防空室内，病院船内，等等，均不惜工本，极尽匠心。

军功之真正意义为何，及其如何获得？是这一话剧的主题。剧中主要人物鲍罗夫斯基和麦克西莫夫，同属海军之官，地位亦相等。鲍罗夫斯基勇於立功，但他是個人英雄主义者，他好胜心强，常和别人抢功。可是麦克西莫夫则相反。他一切以國家及人民的利益，軍事的利益為前提。他对鲍罗夫斯基说：主要的是会战！至于谁是英雄，谁不是英雄，日后自见。剧中故事表示：当鲍罗夫斯基受命担任出击，個人英雄主义的意识使他贪功，争功，而在约定之时间以前就行動，不及时通知麦克西莫夫使来夹击，想自己独佔全功。但不幸他这自私的行動並未給他带来光荣而反带来了羞辱。他没有打胜仗，反而了败。而他又设法卸罪，诿过于麦克西莫夫的接应太迟，（事实上是他自己不使麦早来接应的）。但軍法審判終于確定了他的责任，判他死刑，不过暂时缓刑，许他戴罪立功。

本剧在苏联各大城市都有演出，由此可见剧中之批判精神极受重视。

我在苏联看过好几个革命军事题材的剧本，都表现了这样的自我批判的精神。此剧在莫斯科同时有两家戏院上演。

十时回寓，晚餐后即就寝。

二月二十八日，星期五，晴，甚冷。八時半起身。今天夜车搬回莫斯科，白天还打算参观两个地方。一个是普希金博物馆，另一个就是城外的普希金村，所谓普希金村，就是沙皇的夏宫，革命后改为儿童疗养院，又改今名，战时曾受相当严重的破坏，但大体上已经修缮得当了。这地方本不宜于冬天游览，我们所以想去看一看，不过闻名已久，觉得应当到一到。但是到了十二時光景，知道去不成了。原因是路上雪深，恐怕车子「抛锚」。而且，现在那边是没有人的，仅仅去看一所房子，而有了「抛锚」之危险，那也犯不着。

午后一时，参观普希金博物馆，这就是普希金最后所住的那个屋子。

普希金于一八三六年十月初来住此屋，四个月后，即因决斗而逝世。都共五室，一代大诗人，况又是贵族，但他在京城的寓所，亦不过这样大小。据说这房子本来是十二月党人伏尔康斯基的母亲的产业，伏氏流徙西伯利亚时，和他的父母及夫人告别，即在此室。普希金当时是租住的。普氏死后，别人租进来住了，此人与文学无缘，故屋中旧观，无一保存。陀思妥以夫斯基曾拟进来过节，为门房所阻。其后又曾为内务警察驻所。革命后成立为博物馆，但直至一九三七年，始得米古夫斯基（普生时好友）所绘屋内陈设画稿，始得据以改造，略恢旧观。普希金当年租此屋的时候，进门处有大幅挂毯，又有前厅甬道，普氏死后房东为赢利计，拆掉了幅挂和前厅甬道，改为住人之房。现在尚未回复原状。（关于普希金博物馆，另文纪之）。

三时许回旅馆稍息，VOKS的摄影记者又邀至城内各处摄影留纪念，计在伊萨克教堂前，尼古拉一世铜像，彼得大帝铜像，冬宫等处，多摄多帧；后又在涅瓦河边以远远之「彼得。保罗砲台」为背景，亦摄一影。

五时回旅馆进午餐后小睡一小时。七时二十分赴车站，八时开车。

三月一日，星期六，上午八时醒来，见阳光已照射车窗。十时许，车抵站。叶尔丽也夫上车相迎，即赴萨伏衣旅馆，进早餐后即休息。

晚七时，叶尔丽也夫来谈。据告：四日晚，VOKS将设宴款待，五日乘飞机往中亚的塔什干（乌兹别克共和国首都）参观，由塔什干再往巴库。并说此次同行者有叙利亚及黎巴嫩两国的访苏团八人。当我们在列宁格勒时，此两国之访苏团是刚刚到，同住一旅馆。

三月二日，星期。大雪。昨夜睡眠不甚佳，今晨起身后颇觉疲倦。十二时，叶尔丽也夫来，言VOKS的宴会及赴塔什干之行期皆改迟一日，旋即同往观电影「伐吕阿格之歌」。这是一部历史军事片，写一九〇四年一月尾，帝俄的巡洋舰「伐吕阿格」号及小砲舰「高丽支」等在朝鲜仁川港和十倍之众的日本舰队作战，而壮烈牺牲的故事。当时日本舰队自恃有十倍之众，封锁了港口后，即要求「伐呂阿格」等及「高丽支」等投降。但「伐呂阿格」等舰长及士兵皆不肯。开火后，击沉日本巡洋舰及驱逐舰各一艘，并重伤日舰队之旗舰，然后因弹药用尽，「伐呂阿格」自沉。及「高丽支」均这影片是一部军事片，然而充满了抒情的气氛，导演维克多·叶塞芭武曾说：「我们要使得这部片子成为一支歌，一支民歌，所以名为「伐呂阿格之歌」，……我们注重要表现出来的，是俄罗斯人民的英雄气概，「伐呂阿格」号水兵们的勇敢，忠贞，和崇高的精神……」不用说，导演的目的是达到了。

晚七时，赴「斯丹尼斯拉夫斯基·丹青科戏院」观四幕歌剧「苏瓦洛夫」。此剧所写为苏瓦洛夫晚年最后一次的作战（对法），取道瑞士，万山丛中行军，坚决而机智，终获胜利。布景极好，尤其山中行军一幕，羊肠小道方山重叠，人在云雾中，极尽■真实。

三月三日，星期一，晴。晨八时三十分起身，即觉头痛。十一时早餐后累，睡片刻，头痛稍止。为「小火星」週刊写「莫斯科八百年纪念说辞」。旋即整理赴塔什干应带之衣物。三时午餐后又小睡。十时晚餐后即休息。

三月四日，星期二，晴。晨六时即醒，勉强再睡，至八时起身，十一时早餐。

午后四时，与叶洛赤也夫及翻译史君同往访问国立出版局文学部。

苏联出版事业无私人经营者，各出版机构皆作有计划之分工。国立出版局文学部之主要业务为印行欧洲古典作品及俄罗斯古典作品（高尔基作品亦在内）。至于现代苏维埃文学作品之印行，则为次要业务；此因其他出版机构亦印现代作品也。古典作品之普及板每印一板为五十万册。现代作品每印一板至少为五万册。又有「小说汇刊」，每月一册，印十万份；此为丛书性质，但可预定，内容则除苏联各民族之现代作品外，亦有外国现代作家之作品，惟大抵篇幅不太多。该部去年出书二百余种，共印一千余万册。

有编辑部，共分五组，每组四五人，五组之名称如下：一，现代文学，二，外国古典文学，三，俄罗斯古典文学，四，苏联各民族文学，五，文学批评。

六时回寓午餐，旋又赴大戏院观歌剧「奥涅金」，——普希金原作，柴可夫斯基作曲，最为有名者。（奥涅金，中国有两种译本）。

三月五日，星期三。晨八时醒来，仍觉甚倦，又朦胧入睡，九时半始起身。此时阳光照耀，窃喜今日当是大好天，不料未十时又下大雪。此后时露阳光，不时飘雪。下午转晴，相当冷。

晚八时赴VOKS之宴会。这当是预先举行的送别宴会了，因为现在所余参观者亦只是塔什干和巴库两地而已。今晚宴会来宾除苏联作家吉霍诺夫，马尔夏克，李昂诺夫，里定，苏尔科夫等人外，中国人方面到傅大使，及使餞中共他各位，及中共社朱慶永君。宴會五點時結畢，回寓時見月色甚好，但未的不可以飛壞什千了。

昨晚宴會時，主人VOKS副會長卡拉介諾夫先生致惜別之意，我亦致辭答謝，此外致辭者，傅大使及蘇聯作家協會副秘書長大詩人吉洪諾夫。

三月二日，星期四，上午四時起身，五時半赴機場，車行四十分鐘到達。八時起飛。同機者除敘利亞和黎巴嫩的訪華代表團八人外，尚有照料該代表團之VOKS職員二人（其一為翻譯）。至于我們這邊，除了我們夫婦二人，仍是鮑爾漢君和翻譯史君，共四人。

這是一架客機，共有座位廿一個，但已經拆去了四五個，改裝着可以睡的軟榻，和小桌。並無普通搭客，這是個包機了，所以相當寬舒。照例是帶了「路菜」的，起飛後便吃起來，因為人多，頗覺熱鬧而有趣。敘黎客人們都很節飲。機中和他們閒談，略知黎巴嫩現代文藝情形：现代黎巴嫩最大作家为奥玛尔。法柯里（Omar Fakhouri），他的作品有小说，诗，哲学和科学著作，最有名的作品为「四季」，「开了的门」。十八世纪时，黎之建筑术颇受中国影响。黎巴嫩现在还没有歌舞剧院，有话剧院，但为数不多。无音乐院。画家以留学法国者为多。民间艺术在衰退，音乐，诗歌方面颇多杰出的作品。没有作家协会之类的组织，有一杂志「阿拉伯文艺评论」（Al-Tariq Review）是进步作家们合作的刊物。

黎巴嫩代表团四人，其中有建筑家，医生，诗人，及妇女运动者（女子）。诗人名柯列，不过四十来岁，甚诙谐健谈。叙利亚代表团亦四人，其中有研究哲学的，有医生和记者。他们八人都能说法语，约一半数能英语，诗人柯列和两位医生的英语很流利。

午后二时，到了阿克休宾斯克，预定在此过宿。今日天气很好，下机后在阳光下走，暖烘烘地觉得皮大衣太重了。阿克休宾斯克比莫斯科暖和得多。我们即在机場的宾館西宿並進午餐。進餐时，當巳邀請人柯到讲了好几个笑话，（其中有一个是嘲笑墨索里尼时代意大利的特務的），後来他知道他姓孔，就讲了「猴子局」的中國故事，証明孔子也是反法西斯的。

三月七日，星期五。晨六时（当地时间），宾館中人即来叩门，请吃早餐。飛机早八时起飛。等到一行十四人都準備妥当，机場上已经洒满了金黄色的陽光。天氣是這麽好，而又起飛得相当早，意想今日必到達塔什干了。那知十二时左右，机忽下降，看々地面，不像是大都市的所在地；這才知道大概又有了波折了。果然，飛机師宣布，塔什干来的無綫電，那边大雨，不便降落，故改在此小站暂时休息一下，再候進止。這小站名為朱薩力，离塔什干飛行时间僅二小時。

朱薩力乃一小站。站上唯一可供旅客休息之处乃一小小的食堂。我们這一群客人僅進去了一半，就把這食堂擠得满々的了。天氣很好，机場上到處全是太陽，但是風也很大。我們在食堂裡躺了一會兒，便又到外边找个背風的角兒弄条椅子來坐着晒太陽。希望也还沒有斷絶。「也许塔什干的天氣已经变好了？」大家都这樣想。时时去探詢站長。左等右等，到了三点鐘，等看了確定的答復了：塔什干天氣还沒好轉。这就是說，今天則在朱蘇力过宿不可了。

于是接着就發生兩个問題：宿和食。站上並無賓館。有一幢房子從外面望進去一个个房间都作客房式，而且好像是空的，大概可以容納我們这一夥客人。事实上，后来我们固然住在这裡过夜。不过有一点出手我们意料之外，这里的房间本来是準備給飛机师及其他技術人員住的，他们究竟被擠到了什麼地方，却非我们所得知。至于食呢？站上那个食堂顯然無法借用。据說「城」中可以買到東西。「城」离飛机場大約十多公里。而我们帶的「路菜」也差不多完了。VOKS的兩位招待員于是步行出發，到「城」中去弄吃的。

五点多钟，机场上又降落了两架客机，不知是来往于那一条航线的，但知道也是到这里来便「行止」的。在机场上极目四望，平原千里，不见一山一林，據说这里是哈萨克共和国地区。

七点多钟，天色已黑，但月光很好。採办食物的两位也回来了。他们买回来许多鱼。鲍罗宁君对他们说，「买不到什么好东西，不过鱼是值得欢喜的，所以就买了鱼。」食堂的厨娘已经下了班了，于是两位招待员便自己下厨。鱼是活鱼，可惜那食堂的厨房裡除了盐什麽都没有，作料不够，我们那两位「临时大司务」没法显一显身手。然而有酒。当我们离开了食堂的时候，叙、黎代表团的一行八人还在兴高采烈地喝着白酒。

月光如水，还有人在机场上散步，可是风比白天还要大些。

三月八日，星期六，晴。晨六时许即有人来叩门。我们早已醒了，即起。但此时尚不知今天究竟能飛塔什干否。以当地氣候論，那是再好没有。

七时半完毕，我们那架专机已在隆隆地怒吼了，但据说仍是准备而已，尚须待塔什干来电确定。而且又知道，按照一般情形，昨天可以飞到塔什干，不过我们这一机全是客人，不得不格外小心。听这么说，我们倒有点着急起来了，惟恐今天不是十足的好天。幸而到了八点多，就接得塔什干来电，促即起飞，——倒弄得那边也同样地着急呢！

十一时光景，到了塔什干机场。在场欢迎者，有乌兹别克共和国外交部副部长及乌兹别克对外文化协会筹备员等五六人。下机略寒喧如仪，即乘车赴特备之招待所。汽车穿城而过，又走了差不多二十公里，方才到了。这是一所二层的洋房，四面全是果树——苹果树最多，本来是暑季休养院，现在临时作为我们这一行客人的招待所。共和国外交部的礼宾司长，乌兹别克对外文化协会筹备员，塔斯社记者，也都住进这招待所来负责照料。主人们都住楼上，客人们住楼下。我们夫妇二人住二室卧室的窗子一面朝南，一面朝东，每天饱受阳光。

午后二时午餐。冷盘很多，其中有不少是「民族形式」的。蔬菜种类甚多，这是冬天在莫斯科吃不到的。水果有苹果和新鲜葡萄。这是上季的葡萄，保藏得好，还和新从树上採下来的差不多。

餐后小睡，四时洗澡。八时参加庆祝妇女节大会。这是在国立斯维特洛夫歌舞戏院内举行的。（斯维特洛夫为苏联革命之勋，此戏院为纪念他而命名）。这戏院，在革命前本是马戏院，革命后改造为歌舞戏院，一九二二年改今名。全院可容观众一千二百人。塔什干共有戏院十七个，另有一高丽戏院，在城外高丽人居住区。今晚的妇女节庆祝大会由共和国社会保险部长塔吉莱娃为主席。塔吉莱娃现年仅二十五岁，塔斯干大学毕业，尚未结婚。开会如仪，一报告（乌兹别克妇女革命后的进步和成绩），一贺电（致斯大林），其后即为余兴。音乐节目有西欧名曲，亦有民族歌曲。舞则多为民族形式的。亦有西班牙舞。乌民族乐器有形如「阮咸」者，三弦，曼陀林，迪化时常屡见之，未知其名，今询知此名为「甘波児」，亚强恐係来自東方。民族舞中有表示刺绣地毯者（多人合舞），有表示採棉者（单人舞），皆与生产有关，且与妇女有关，又有名「虎群」舞（译音），十餘人持矛，有进有退；「虎群」者，乌语冲锋之意。民歌中有一支，为乌兹别克人民艺术家卡列阿柯夫所唱之"Gaila-Gaila"（意为作些手？作些手？）唱时捻指作声以为節，且以手势表情。此民歌讽刺品行不端的男子，略谓男子夜访意欢，叩门而妇不纳，诡其夫在家，男子甚快快，欲进，而求一吻，妇拒之，男子大失所望，再求，许之，则又大喜，复求再吻，终于不得，乃怏怏离此而退。观众对于这男子的「不如意」表示了满意！盖惜其佻健也。卡列阿柯夫年在六十以上，唱做两佳，记诵民歌盖在千首以上云。

餘兴休息时，我们在别室用茶点。大会去席塔吉霞娃女士来叙谈。这位年青的社会保险部長衣服甚为朴素，沉默寡言笑，她能听懂英语，但不能说。她的面貌完全是東方型。或谓她马上就要结婚了，她好像很难为情似的脸有点红了！说如果那时我们还在塔什干，请我们去吃喜酒。不过后来我们并没赶上她的佳期。

十一时半，餘兴完毕，我们回招待所吃了晚餐，即就寝，那时已经是半夜两点钟了。

三月九日，星期，昨夜月色甚好，今日果然是好天，阳光满室。九时半起身，匆匆盥洗后即进早餐。十一時进城，参观尚未完工之「奈伐衣戏院」。奈伐衣（Ali Shir Nevayi）生于一四四一年到一五〇一年，是乌兹别克文学的奠基人，又是十五世纪中葉近東及中亚最伟大的诗人，科学家和政治家。他是乌兹别克民族古代文化的代表者，地位相当於阿塞尔拜疆民族的尼藤弥（十二世纪大诗人），现在很受乌兹别克人民的崇拜，戏院题以他的古名，当然是表示纪念。这戏院的全名应是「阿卡迭明（Academic）拿伐衣纪念歌舞戏院」，一九四三年開工建築，（这时衛国战争还没有完呢，）預定于去年十一月七日以前完工，以迎苏维埃革命的三十年週年纪念。我们参观時，未见有工人在工作，当然这是因为今天是星期，例应休息。全部工程已完成十分之七，现惟所剩者内部装修而已。这戏院共計七万八千立方公尺，除了一千四百座位的戏場（装有「譯意风」的）而外，又有六廳，代表乌兹别克共和国所有的六州，前廳最大，则名為「拿伐衣廳」，将来在此一廳中要樹立雕刻家尼可拉支（雷得斯大林文藝獎）所作的拿伐衣像，四壁的浮雕及壁画則取題于拿伐衣的作品。至于代表六州的六廳，各自有其不同的风格，由乌兹别克最有名的石刻家担任墙壁、窗户及门楣上的雕刻。今日我们参观时，就遇见了专作大理石雕刻的鲍尔達·米拉也夫以及七十岁的共和国人民藝術家塔西木拉脱。

阿司丹科洛夫。（他的孩子僅八九岁，也能够帮助祖父作雕刻了。）所有这些雕刻都是民族形式的，一繁複而巧妙的图案。

这戲院的設計者為科学院会員施丘謝夫，工程監督為科学院通讯会員司吞西林·莫拉都夫，内部彩色設計者為列比科夫教授。全部經费四千万盧布。將来落成後，这無疑的是塔什干第一壮丽的戲院。而且，也將成為塔什干的一个风景区，因為据說戲院周圍的舊色小屋都將拆掉，而拓為廣場与花園，並築噴泉云。

旋即到「斯大林紡織印染工廠」，这是战前第一个五年计劃时建築的，全廠现有紗錠二十三万，織布机八千架，工人一万二千，除有实驗室外，並有製造另件及染料等附属工廠。出産之布其花式七百餘種。

我们由該廠總工程师及職員多人陪看，依生産程序走了一週，我们所得最深刻的印象是工作效率高和衛生設備十分完全。但使我们最感兴趣的，則是文化娛樂和福利事業範圍之庞大。該廠有自办的医院，（病床三百子）產科醫院，及多數的診療所，後者即設于廠內，每部门都有一个。

托兒所共有六處，共容嬰兒千餘。我们所参观之一處，設備之完善和我们在別處所见的只有过之而無不及。

最後，参观該廠的文化部（俱楽部）。这是旅主的一所大房子，有八百五十座位的（劇場，除星期一休息，）每週演電影（五六）次，每月演话劇一二次，此外尚有音楽會，跳舞會等，無定期。有圖书館，藏书万餘卷。（有国立文化娱楽的）工人業餘组織頗繁（维）多，不及列举，總之：在苏联国的業餘组織競賽中，該廠要居首位。

参观完畢，又在該廠管理處吃茶点。名为茶点，实在是冷盘，麵包，酒，汽水（糖果，）式式都全，而且很丰富，和正式宴會（比）起来，僅無热菜而已。这一頓「茶点」就吃了一小时光景，賓主举杯互祝，极为热閙。

告別（时）該廠又贈花布以为纪念。

五时返寓，大家都休息。他们则抽空洗了澡。七時午餐，八时進城

观看歌劇「蒲朗」。这是乌兹别克的第一个歌劇，一九三九年六月十一日首次上演于「荣膺劳動红旗勋章乌兹别克國家歌舞戲院」，连演了四十多場。这歌劇的最大特点，就是她把乌兹别克民族音樂和西欧音樂——特别是俄羅斯古典音樂，鎔鑄為新的東西。这在乌兹别克音樂史上，应该是大书特书的一件事。而創造了这一光榮的，是共和國人民藝術家，斯大林文藝奖的得者，摩赫達尔·阿西拉菲。关于这歌劇的故事是共和國有功藝術家卡米尔·約森所写，表现了十月革命前後乌兹别克人民争自由解放的鬥争，特别强调了那时候乌兹别克人民的两条战线的鬥争——一方面反对沙皇及其官吏的大俄罗斯主义，同時也反对狭隘的民族主义和本民族的剥削階級；这劇本顯明地指出：只有联合俄罗斯民族的革命無產階級，并接受其兄弟般的援助，并同推翻沙皇政权及其在乌兹别克的帮凶（乌兹别克的剥削階級），

方能保證烏茲別克人民取得完全的勝利，而從双重的压迫剝削之下得到

解放。（関于歌劇「蒲朗」，当另文詳紀之）。

我们到了戲院後，共和国外交部副部長已经等候多时，旋即介绍我们和本劇的作曲者阿西拉爾晤面，談了幾分鐘。阿西拉爾年事很輕，不过三十左右，今晚演出他本人親自指揮樂隊。原来他不但是該戲院的樂隊指揮，並且又是藝術監督。

十一时戲畢，回寓晚餐後即睡。

今日已感覺到戶外陽光之下溫度較室内為高，本地人都说今年早熱的，並謂如連晴數日，溫度將更見高。可是這一次我们偏偏沒有帶春大衣。

塔什干的全貌，今日從那未完工的奈伐衣戲院出来时，也大略的看了看。革命前，塔什干街道狹隘，大多數房屋是土房，现在則鋼骨水泥多層的大建築聳立於廣闊的林蔭路旁，舊时的塔什干面目完

全看不见了。革命前，此地几无工业可言，现在则纺织工业，化学肥料工业，农具制造工业，电机工业，钢铁工业，都已兴起来了。塔什干市区面积很大，在苏联都市中列第八位。全市现有博物馆四个，戏院十个。共和国全国现有国立大学二，高等专门学校三十五，高级技术学校三十。科学院所领导者，科学研究所五十余，其中由共和国凡三十个。

三月十日，星期一，晴。昨夜睡迟，今晨醒来，阳光满床，已九时矣。十一时，拜访共和国外交部长，谈了一小时辞出。乌兹别克共和国建设时间实际只有十五年，工业、农业的发展，一日千里，教育文化尤其进步神速。乌兹别克本无自己的文字，向来是借用阿剌伯字母的，革命后改革文字，一九二七年行拉丁化，但拉丁化拼音尚有不尽善处，故于一九三七年改用俄文字母，其有俄文字母尚不能拼音者，则加符号，例如乌兹别克语言之K字音较俄文字母的K字音更重，则于K下加一小横。

从外交部出来，即至科学院。敘利亚和黎巴嫩代表团已先在那里了。我们先参观了和科学院同在一所古廈内的语文研究所，继又至相距不远的原稿及珍本保藏所看了那边所藏的波斯、阿剌伯、猶太的古籍（手抄本诗集最多）。在珍本保藏所，遇见了诗人加福耳·古良，（乌兹别克科学院會員，斯大林文艺奖的获得者，乌兹别克作家协会理事，主席团之一），为谈乌兹别克诗的发展。旋又返回科学院，则茶点已经摆好了。照例，这是跟宴会相差不多，僅無热菜。主人方面除科学院院长数理博士薩主婭·薩可夫先生而外，科学院會員多人作陪。賓主举杯互祝政躬，主人方面致辞者有诗人古良，地质学博士阿布都拉也夫，哲学博士若赫杜夫，化学博士薩迭可夫，客人方面除我而外，敘利亚和黎巴嫩代表团各有一人说话。各人说话的倒不怎样長，但翻译可化了不少时间，因为每人的话都须繙译三道：俄文，中文和阿文（敘利亚和黎巴嫩代表团用阿文）。直至四時頃，這一席會方告結束。叙參代表团先生，我又與席可夫博士谈科学院近况，诗人吉良亦加入。

诗人很希望我去访问烏兹别克作家協會，並说倘有时间，最好到他家裡玩玩。辞别时，他热烈地拥抱我，並说：「我们都是黄種人，我的祖先是从中國来，我也是中国人！」诗人的热情，使我很感動。（関于烏兹别克科学院及其语文研究所珍本保藏所事，另文记之）。

五时回寓，略休息，七时進午餐。八時赴外交部的招待看電影，即在部内的特别放映室，部長與次長親任招待。共看了兩部片子。一為「中亞五民族歌舞大會」，五民族者，吉尔吉斯，土克曼，哈薩克，塔吉克，烏兹别克是也。哈薩克節目中有「蘆双飛」，烏兹别克節目中有「春之歌」，「愛情之火焰」，「棉花舞」等，特佳妙。另一片為故事片，名為「失勒剌在庸哈拉」。失勒剌是烏兹别克民族傳說人物，滑稽多智，善于戲弄权贵，及一切剥削階級之貪而吝嗇者，而援救被侮辱與被損害的人們。

上部映畢，已十一时。返寓用香皂浴即就寝。

連日快晴，白晝甚暖，皮大衣可以不用。但晚上回寓时，車中仍須御皮大衣。寓中玫瑰抽芽，杏梅則已含苞。

三月十日，星期二，晴。七時半醒，天漸明。昨日天星似亦为七時許，晝夜長短漸相等了。

十一時參觀第五十九（十年制）学校。这是个女校。塔什干全市共有女校（十年制及七年制者合計）四十八所。此第五九校共有学生五〇六人，分二十班，每班人数三十左右。第一年至第三年级，每班功课由教員一人担任，（第一年至第三年略等于中国小学一年至三年程度）。全校共有教員二十七人，其中十五人為大学畢業，餘為高等专门畢業。教員授课鐘点最多者每週二十四小时，最少者十八小時。教員薪水最多者每月一千五百盧布，最少者七百多盧布，教員薪水按年有增，并按工作服務成績而有升遷。校長是一个女的，年事尚輕，撒馬尔罕高级师範畢業。

第五九校之舍很大，除教室、办公室、圖书室等之而外，有许多房間是給学生们作課外的文化娛樂組織用的。这在蘇联之学校一般都是如此。又此校亦不收寄宿学生。

一時頃，参观学校完畢。照預定程序，今日应参观者尚有兩处，医院及飛机工廠。但要看得周到，則只能看一處。當時議論紛紛，有人要看医院，有人要看飛机工廠，結果决定各行其是。这一来，要看医院的就只剩叙利亞代表團的一位医生了。黎巴嫩代表團内本来也有一位医生，本来也要看医院的，臨时忽又对于飛机工廠發生更大的兴趣了。后来我知道那所医院内有一位婦科專家很有名，而那位叙利亞医生的专業恰巧也是婦科的，所以他一定要去領教一番。但又發生了翻譯員不能分身招呼的問題。叙黎代表團只有一位法文繙譯。幸而那位叙利亞医生能英語，又知道医院的婦科專家也解英语，他们可以直接谈话，但还是困难是没有了，把鲍罗宁君留下和医生作伴，因为鲍也是解讲英语的。

我们去参观了飞机工厂。这是个专门制造飞机机身各部分并配装的工厂，（不造发动机），成立已有十二年之久。厂名为"攀南列宁勋章纪念乞加洛夫国家飞机厂"。现有工人约七千人，一进去，就看见女工很多，据说战时所用女工比现在还要多些。现在全厂所有女技师及女工程师也就有二百余人。全厂工人因工作优良而受勋章者约五百人，受共和国奖状者亦约五百人。工人薪水最多者五千卢布，平均为一千五百到一千七百卢布。厂中除俱乐部及各种业余文化娱乐组织外，又办有技术学校等共三所。有工程图书馆，藏书二十五万卷，又有文学图书馆，藏书二万数千卷。

我们由该厂副经理及工程师、职员等多人引导，按照生产程序，一部分一部分的都游了一遍，到最后一部分，则看见完成的飞机由厂房出来，升高试飛，然后又進了格纳庫。

五时回寓午餐。参观医院的叙利亚医生也刚刚回来。餐时我和他刚巧坐在一处，就問他看得怎樣？他很称讚那医院規模之大，但又說：「我只约略看了看產科的設備，其餘的时间都是和那位婦科专家談論一些专门問題。我们一直談了三小時。」我又問他：「那麽，你得到了什麽新的东西沒有？」「有，實在不少呢！」他回答。于是他很興奮地告訴我：除了討論一些問題而外，他又得了幾種關于婦人病的专書，都是那位专家的著作，「我们约定了，明天我还要去談談看看，明天有一整天的时间呢！」医生很快活的說。照预定程序，明天我们要飛撒馬尔罕去遊覽。我問道：「那麽，你不到撒馬尔罕去了？」「不去！」他回答，「撒馬尔罕对于我沒有多大意義！」

这一位叙利亚医生（恕我忘记了他的姓名，那是很难记的几个字）的求知精彩，很使我钦佩。至于那位妇科专家，（恕我不能记下她的姓名），听说有六十岁了，是个女的，她竟于抽出一整天又半的宝贵时间和一个（偶然来观光的）外国同业谈论，这精彩也是颇可钦佩的。

晚八时，往观歌剧「兰特丽和麦其侬」。兰特丽是一个美貌女郎的名字，「麦其侬」義为「失心狂者」，从这两个名字就可以想见这是男女恋爱不遂而男的变为疯狂的一个故事。据云：这本来是近东及中亚各民族的古代传说，民间极为流行。十二世纪时，阿塞尔拜疆的大诗人尼萨弥方始把这传说写成了长诗，十五世纪时，乌兹别克的大诗人奈代衣也把此传说写成了诗篇，现在我们所看的歌剧就是根据奈代衣的诗篇改编的。编剧是哈尔薛特，作曲是R.M.格里也耳和T.萨都可夫。（关于「兰特丽和麦其侬」，另文记之）。

十二时回寓晚餐以后睡。明日清晨将飞撒马尔罕。

三月十二日，星期三，晴。晨五时起身，匆匆漱洗，略进茶点，即赴机場。八时许起飛，九时即到了撒馬尔罕。市長及多人在机場欢迎，即驱車到賓館，早餐已经準備在那里了。賓館离飛机場相当远，汽車行約一小時，吃完了早餐，已经是十一時光景了，即出發参观。上次郭先生游撒馬尔罕的时候住的也是这賓館，女经理看见又有中国客人来了，慇懃问郭先生好。

撒馬尔罕在十五世纪（帖木耳的孫子兀魯伯统治的时代）是帖木耳的莫卧儿中國的文化中心，兀魯伯本人是天文学家，他招致了西方的科学家到他这首都。後来，（当十五世纪後半）在帖木耳诸子孫鬧糟的战乱中，撒馬尔罕衰落了，文化中心移到了胡賽因·拜卡尔（Husain Baikara，1439—1506 帖木耳的曾孫）所统治的首都赫拉特（Herat）。经过了几百年，直到十月革命後，烏兹别克民族得到解放，这衰民的克築的撒馬尔罕方又兴旺起来；现在它是烏兹别克共和國的第二文化中心，有大学一，研究所七，十年制及七年制学校三十餘。但我们此次来撒馬尔罕的目標不是參觀現代的文化設施，而是憑弔十五世紀的文化古蹟，但塔什干也發時就有兩位專家同來以便遊覽時作嚮導。

撒馬尔罕的古蹟約可分為五組：一，帖木耳陵墓，二，皇族陵墓，三，大教堂（或稱為「教堂之群」），四，「蘭吉斯坦」，五，兀魯伯的天象室。前四組我們都到了，而且看的相當仔細；但亦因此而耗時過多，人亦疲倦了，最後的兀魯伯天象室竟沒有去看，這是很可惜的。

我們先到了帖木耳陵墓。圓頂的陵堂頗為雄偉，外面是彩色的琉璃磚砌成的，磚上雕刻着（其實是先雕刻而後上釉彩的）圖案紋和阿拉伯字（可蘭經的文句）。內部分成若干室，每室皆穹頂，室與室四連的牆壁亦開大穹形之門洞，惟無門。牆壁都是泥磚砌的，而再加以土黃色之塗。從陵堂下至地室，階級二十餘，帖木耳的棺即在地室中。一九四一年，蘇聯的考古學者開棺研究，見屍骨完整，頭部尚存皮及髮，左髀骨有斷而後接之痕，左膝骨并有伤痕，此与相传帖木耳係跛子又曾伤臂之说相合，故断定此棺中所葬者确为帖木耳本人。棺中又有残存之丝织物，其上尚餘金银线的刺绣，回教风俗，葬时以绣衾裹屍，这大概就是那绣衾的残餘了。现在，遗骨及残餘之绣衾都已移置博物馆，我们所见者仅一黑玉之椁。地室约一丈见方，業已经过修理，甚为整洁。

从帖木耳陵墓出来，汽车走了十多分钟，就到了「皇族陵墓」。这是依傍山坡层层高上去的若干独立的建筑，全形是狭长的一条，各座的建筑都不甚大，小者仅方丈。也都有彩色琉璃雕刻着葡萄纹及可兰经文的砖砌在墙壁外部。这一群建筑年代最早者在一三三五年，最晚者为一四三五年，前后凡百年之久，正代表了帖木耳帝国的一撒马尔罕最兴盛的时期。

这一群的建筑，如果以其部位的高低来区分，则可分为三组。第一组凡三四单位，部位最高，这都是帖木耳的妃子们

埋骨之所，大部是帖木耳所建筑，年代较远。惟其中一她名土曼，（她是帖木耳部将兀弥耳·摩萨的女儿），生前

且在此念经，故有一室是她的念经室，而高临此室之上者即为她的陵墓。

土曼大概死得很晚，她的坟是在一四〇六年建筑的。这第一组的各单位，面積皆小，而建筑不甚讲究，外壁的彩色琉璃

砖多有未施雕刻者。第二组共有五个单位，面積有大有小，建筑華美，不但

外壁的彩色琉璃砖上雕刻精巧，内壁且施白垩而绘壁画。这一组的五个单

位亦非完全並列者，因坡度関係仍有高低，且有两单位夹道而对峙者。

此中有一较大的圆顶屋，穹门上彩色琉璃砖雕刻着一行阿剌伯文字，義

为「雪林·别克·阿卡之墓」。雪林是帖木耳之妹。「阿卡」是夫人的意思。

这是一三八五年的建筑，在各单位中，可说是最華丽的。又有一屋，则为帖

木耳的一个孫子的坟，建于一三八七年。其他数屋，所葬者皆帖木耳之近支

親屬，（有三人共葬于一室中者），惟为何人，则不可考了。

第三组却位最低，但依坡度又可分为上下两列。下列数屋皆无

兀鲁伯所建。其中有一室，葬波斯天文家卡若斉・士鲁米，他是兀鲁伯聘请来的。至于上面的一列，乃是一个数室合成的祈祷堂，圆顶，在「皇族陵墓」的全部建筑中，此最为典丽堂皇。祈祷堂内有一地道，循石级曲折而下，过门三四重，最后到一斗室，是为四十天禁食斋戒之所。据回教规律，四十天大斋之期必在此地下斗室中不见一人，则可称道一级云。祈祷堂附属一小室内，有一「活皇」之假冢。这是五采琉璃砖砌成的长方体，三层，下大而上小。所谓「活皇」，据古代传说，此为一善战之「汗」，某次与敌人战，受伤，而且头也被砍断了，但他不倒下，手持其头，入一井中，大呼「我乃剎赫・以仁達也」。入井后不復出，井即其葬地，但此井究在何处，又不可考。现在这祈祷堂内的琉璃砖的坟并不是真坟。又此「汗」之真名亦不详，因其死时自呼「我乃『剎赫・以仁達』」，遂从之，「剎赫・以仁達」就是「活皇」的意思。

从「皇族陵墓」到「大教堂」，汽车也走了十来分钟。这是品字形的三座建築，故当地人亦称之为「教堂之群」。前列两座並列，都很高大，相距約二丈，其上本皆有穹形之门顶，亦砖砌者，今已不存，但石质两侧之门框尚在。从前这里当然还装有門。据云这庞大的门是用七種金属所製的。这一个今已不存的门当即为通教堂之大门。进内为一广場，广場后部，正对此大门者，便是那大教堂了。这是很高的一座圓形大堂，左右有两塔，塔身皆作八角形，而顶端则为球形。大堂的圆顶一部分已圯，确甚高，凡四十公尺，仰面而视，非到帽子掉下来的时候，不能见屋顶。「教堂之群」是帖木耳于一四〇四年命令建築的，全部工程，三年完成，因此不免偷工减料，草成没一年，大教堂牆壁即见坼裂，帖木耳乃于内壁加敷一壁，今尚可见其形。建築时用于搬砖石之巨象，计凡九十一頭。现在，大教堂大体尚完整，其外壁的彩色琉璃砖之泽亦尚如新，可是前列相对的两座建築，「即原来大门两旁的四方形的高屋，则外壁之彩色琉璃砖（原来应作球形之）已剥落殆尽，而屋顶亦已坍塌，成为平顶。

大教堂前的广场上，从前应该还有些东西，今惟有一巨大的石案，据说这是祈祷时[illegible]摊放可兰经的，相传女子不孕者从这石案下面钻过一次即可怀孕。

帖木耳为纪念他的西征胜利[illegible]（主要纪功），故建此大教堂。传说帖木耳出征时命令[illegible]他的宠妃「琵琵哈龙」，（原名为萨拉伊·莫伊克。哈龙），监督这建筑工程。妃督工甚急，而大教堂的圆顶久不成。妃催建筑师。建筑师说倘赐见一面，便当遵命。宠妃答应了这要求。不料见面之时，建筑师看见琵琵哈龙之美艳乃有过于传闻，情不自禁，遂拥而吻之。从此妃颊即有一印痕。大教堂落成了，帖木耳也回来了，看见妃颊上的印痕，惊而问之，妃以实告，帖木耳乃令人捕建筑师，才得，僅捕其弟子来。弟子則說建築师早已飛去。

最後，我们到了「蘭吉斯坦」。此為波斯语，意為「城中心」。從此可知十五世紀時撒馬尔罕的市区所在的範围，而現在的撒馬尔罕市区則完全是在故市区之外另行兴起的。

「蘭吉斯坦」現尚存兀鲁伯时代最好的建築。這是一四二〇年建築的「兀鲁伯最高學院」，長方形的平顶建築，長五六丈，宽丈許，高約六七丈，可居人者二層，尚有最下一層則在久長的歲月中為沙土所掩埋了。建築的内部有僅容一人的孔道，拾級可上升到平坦之屋顶。我们由此屋爬到顶上坐着拍了照。「學院」的两端（相联而又非為一体的）各有一圓柱形之高塔，比「學院」更高。塔内也有梯级，可是我们都没有去試爬。「學院」的正门穹顶及左右两塔都呈坼裂，正在修理，而塔的坼裂更甚，遠望都可以看見。

和「兀鲁伯最高學院」隔一廣場遥遥相對的，是即古希建于一六一九年的「麦特尔鲜・仙尔道尔」。「麦特尔鲜」就是「最高学院」的意思，「仙尔道尔」是「虎神」的意思。这一所建筑比「元鲁伯最高学院」大些，除正房而外，有侧院，正房也是长方形的平顶建筑，高六七丈，長亦六七丈，宽约二丈，侧院则矮小得多了，正房如果可以作三層高楼，则侧院只是灶披间而已。

「虎神最高学院」的右前方，和「虎神最高学院」及「元鲁伯最高学院」相距各约二十步，又有一排四五间的平屋，这大概从前「最高学院」的职员们住的。现在作为「乌兹别克建築学会」的办公处。保存並修理撒马尔罕古迹的工作也由这学会担任。我们進去参观，看到许多图样以及仿製的琉璃砖、浮雕，古瓦、古陶瓷皿等等。「建築学会」右首，有一所相当大的新礼拜堂，这是一六四六年建築的。离这新礼拜堂不远，又有一圆塔，约高三丈。据云古时，每星期五，全城人民在此堂祈祷，並有人登此圆塔叫唤，其声全城可闻。

「蘭吉斯坦」範圍內的諸建築，時代最遠與最近者，相距凡二百年。

而建築的形式和材料則彼此相同。外壁一定是雕刻着圖案紋及阿刺伯文字的彩色琉璃磚，门窗都有精緻的雕，除门窗以外，很少用到木料。

三時回賓館，休息未幾時即近午餐。市長是主人。因為時间不多，賓主僅乾杯互說，未辭。離賓館飛五时赴機場，六时許到達，立即上机起飛，七時左右又回到塔什干了。

本日遊覽程序最後一節目是看「奧台陸」（莎氏戲曲）。但從撒馬尔罕回來後，敘利亞·黎巴嫩代表團各位都頗想休息，當然我也覺得倦，而■此尤甚，可是「奧台陸」的譯者烏茲別克詩人加福耳·古良（斯大林文藝獎得者）和共和國外交次長已經在戲院裡等候客人了（而且已兩次電促，VOKS代表），鮑罗寧君和翻譯史君把這尴尬的情形告訴我，于是為了不使主人們過于掃興，我和他们就由鮑史二君陪同又進城去。到了戲院，閘幕時间已过，尚在等候，我們感得很不好意思。劇院的观众也許以為所等的就是我们二人呢，可也只好由它了。翻译「奥台隆」为乌兹别克文的诗人吉良今晚兴致特别好，而且也似乎已经喝过几杯了，带了两个儿子来见见两个中国客人。「还有三个在家里，」他说，「也很想来呢！」「那么为什么不也带了来？」我问。「也带了来么？」他笑着回答，「那就不用看戏了。那三个太小。」用手比了比高低。

乌兹别克的「奥台隆」，在全苏联的莎士比亚戏曲演出纪录上，是占相当重要的地位的。郭先生上次到塔什干，也看过这个戏。此番我们看的，就在同一戏院——「荣膺列宁勋章纪念哈姆扎之乌兹别克国立阿卡德米话剧院」，而演员，乐队，一切也都是原班人马。

看完了戏，已为十二时顷，戏院当局拿出纪念册来请我留题字，这册上就有郭先生和英国的翰孙老博士的题句。

回寓所进晚餐即就寝，时已午夜二时。

三月十三日，星期四。晴，大风。今天的参观目标是市外二十公里的一个集体农場。下午六時要参观共和國最高苏维埃開会典礼，晚上又有个宴会，明天要飛巴库。然而在塔什干市，还有三个地方我想去看看，还有乌兹别克的作家們我想和他們谈谈。時間是不够分配了。因此也觉得集体农場大同小异，我们在莫斯科已经看过一个，如果春耕已经開始了的话，那自然又当别論，可是塔什干天氣虽然早暖，農事则尚有待。商量结果，我们决定留在城里"活動"。

天氣的確很暖，楊柳早都绿了。昨天早上到撒馬尔罕的時候，從飛機場進城，沿途看見一簇一簇的杏樹都已着花，那时还说撒馬尔罕的"春"似乎来得更早，不料傍晚飛回塔什干，一進賓館就看見那大園子里的一片杏林晚霞似的好不燦爛，好像它们知道我们在议論它们不及撒馬尔罕的弟兄，賭一賭氣，十二小时内就開了个滿堂。

参观集体農場的叙黎代表團在八時出發，是坐了大客車去的。我们则在十時進城，一行五人，除翻譯史君外，还有当地VOKS的筹備员和塔斯社的记者（对不起，我将终记不得他们的大名），两位都很年青。记者先生前晚陪我们看了戲回賓館便感不適，胸腸腹闷，肚子痛，他止给他服了八卦丹。昨天他在賓館休息一天，同时禁食，今天他本可再休息，然而他听说我们要和作家们谈谈，就自告了奮勇。已子筹備员先生呢，最使我驚佩之處，是他在这几天内英語的練習上鍵了工，居然普通的我的话可以来一下了。他的面型和身材完全是東方人——简直是中國人；他很喜欢谈起他的像中國人之處，当他听到我说他「更像中國的廣東人」時，大为驚喜，原来他到过远東，見过不少中國的山東人，却不曾見过廣東人。

我们先到了藝術館。这里共有五部：一，雕塑，二，苏維埃時代的民族藝術，三，陶瓷及瓷器，——以上现皆開放，四五兩部为革命前民族藝術，现在整理中。第二部内客最为丰富。例如画家沃尔考夫（共和国功勋艺术家）的「列宁像」和「收获棉花」，风景画家巴吞哈维洛夫的「地质调查」，（以上二人为生长于塔什干的俄人），坦息克拜也夫的风景画，（此为哈萨克人），阿布都拉也夫（乌兹别克人）的「在青年诗人家内作客」，亨达弥（乌兹别克人）拟李代夜作品所作的画，卡辛娜（乌兹别克女画家）的「斯大林为人民之友谊」，寓考夫的「撒马尔罕古迹——最高学院」及「汲水」，都很佳妙。賓考夫为生长于撒马尔罕的俄人，现年七十五岁，许多乌兹别克画家都出其门下。

旋又参观「历史博物馆」，这是乌兹别克科学院的附属机关，一九四四年成立的。共有四部。第一部为「苏联各民族为保卫国家而英勇斗争之历史」，陈列材料上起基辅时代，以至此次之卫国战争。这中间有彼得第一及苏瓦洛夫的遗物，有一八一二年拿破仑侵俄时代寨瓦斯托肢尔医将要阳所用的土製手鎗及大砲。这手鎗实在只是尺许长的铁管装了铁珠和有烟火藥，用火藥引線發火；那大炮是挖空了的大樹身子做的，而裹以铁皮。在这次战争中乌兹别克民族的功绩，则有不少位「苏联英雄」的相片及其事迹说明；又有乌文的战场报帋的合订本，名曰「红军」。

第二部为一九一六年乌兹别克人民反沙皇及反封建起义之歷史。这一部分的材料除了当时的有关文件而外，最多而最引人注意的是当时的起义人民所用的各式各样的武器；当然也有现代武器，但更多的是旧式乃至古代的武器，有木製大砲，镰刀斧钺，乃至木棍，锄，卵石。

第三部是十九世纪末年到二十世纪初年乌兹别克人民生活之状况。此与第四部的「苏维埃政权时代」成一强烈的对照。革命前乌兹别克人民生活之苦况在这里有几个模型，叫人看了不禁毛骨悚然；但是，这也叫人看到当时着奴隶生活的乌兹别克人民的高度的技巧。二十世纪初年乌兹别克人民所造的瓷器，铜器，妇女装饰品，刀剑（鞘上镂金，极为精致），绣金衣（丝绒上盘金线，图案甚美），都是高贵的手工艺品；不过这都是贵族和特权阶级所享用的。

午后二時。访问乌兹别克作家协会。「乌作协」的会长即有名的诗人及散文作家阿伊拜克，他的小说「奈伐衣」（以奈伐衣的一生为题材的）曾得斯大林文艺奖，他又是乌兹别克科学院会员，但现在他和其他的苏联作家访问英国去了。在日担任招待的，是诗人加福耳·古良，我们已经见过几面。此外到的作家共約十四五位，都是初會。这中间，除了小说家薛维尔秦（乌作协理事）及戏曲家魏页（剧本「奈伐衣」很有名），年事稍長，其余的都很年青，而且幾乎全是到过前线，参加了莫斯科和斯大林格勒的保卫战，有的且到了一直打柏林。这里我且记下他们的姓名：夏列卜夫（诗人，乌作协主任秘书），艾来瑙·阿拔司（诗人），哈美德·古良（诗人，加福耳古良之弟），麦格修甫·哈克莫夫（小说家），塞列却可夫（诗人，小说家，作协副秘书），阿希拉鲍夫（艺术工作者），土拉布·土罢（诗人），达佛隆（诗人），薛契科（诗人），阿司卜得·莫赫太洛夫（诗人及戏曲家），拔拔也夫（诗人及翻译工作者）。看了这名单，便知道青年作家群中极大多数是诗人。

我猜想起来，在今天的乌兹别克文坛上，诗的分量大概比小说重。谈话就从这里开始，我希望从各方面了解乌兹别克文学之发展。小说家薛维尔秦和戏曲家魏贡给了我许多宝贵的材料，使我对于乌兹别克小说及戏曲的发达有了一个大概的轮廓。（关于乌小说及戏曲之发展，另文记之）。

四时三十分回寓进午餐。参观农场的人们还没回来。

六時參观乌兹别克最高苏维埃開会典礼。议員約四百餘人，其中有好些就是这几天内我们所見过的科学界文教界人士，女的亦不少。開会典礼，除选举主席团及報告外，通过了向斯大林致敬電，即散會。

九時，共和國外交部長在賓館設宴，这是送别的宴会。陪宴方面有大学校長，科学院院長，會員，名作家，名演員，及其他方面知名之士，共約三十餘人。席间，賓主互說乾杯互祝，並致辭；共和國人民演藝家二人唱了幾支民族歌，賓主盡欢，至午夜二時宴会始结束。

在晚宴我即席說的話，大意是这样的：中國與苏聯边疆相接数千公里，中國人民呻吟於暴君虐政之下数千年，亦犹十月革命以前俄罗斯帝國各族人民受沙皇專制政治之苦，甚大亦甚久。自从十月革命後，中國人民偉大的領袖，已故的孫逸仙博士就对苏联伸出了友谊的手；孙先生称十月革命為人類的新希望，称列寧為革命的聖人。卅年來，中國人民对于苏联的一切都十分關心，看到苏联人民埋头苦干，排除一切内在的困难和外来的干涉而向社会主义建设的大路迈步前进，中国人民就都想起了孙中山先生的遗言：十月革命是人类的新希望。卅年来，中苏人民的友谊以及中苏文化的交流，是在一天一天增进。就中国方面而言，中国出版关于苏联的书，翻译苏联的文艺作品，单是书目就可以写成一厚册。至于苏联方面呢，我想主人知道得比我更清楚，我可以不必多说。因此我觉得我在这儿免除客套，直率地陈述我来乌兹别克共和国以后的感想；我只就今天一天内我所见的，简略的说一说。

刚才我参观了最高苏维埃开会典礼。四百多议员当中有男有女，有农工，有文化艺术界的人士。从职业上说，他们可以分为好多类，然而从社会经济的地位说，他们全是劳动的人民，他们中间没有剥削者。这就是苏维埃民主政治和英美的所谓民主政治不同的地方。苏维埃民主政治是真正的民主政治。同时，这是乌兹别克共和国的最高苏维埃，而乌兹别克共和国是苏联十六个加盟共和国之一；斯大林宪法详细订明了加盟共和国的权利和义务，每一加盟共和国在苏联的大家庭中完全平等而独立，这和帝国主义国家内的所谓自治领完全不同，和那些名为独立国而实际是帝国主义附庸的国家也是完全不同的。这是苏联民族平等的明证。

今天我因为时间不够，没有参观集体农场。但是去年到过塔什干的中国的大作家郭沫若先生他参观过，他的《苏联纪行》上写过，我也读过，而我自己也曾参观过莫斯科附近的集体农场。我知道集体化为苏联农民带来了幸福，为社会主义在农村奠定了基础；我也知道在执行集体化的时候，斯大林先生曾经怎样坚毅地执行了正确的路线而克服了无数的敌对和破坏。斯大林先生的民族政策保障了乌兹别克人民的自由解放，斯大林先生的农村集体化政策奠定了农村社会主义的基础，保证了乌兹别克人民的丰衣足食；正如今天最高苏维埃开会词中的一句话：乌兹别克人民之得有今日，一切当归功于斯大林。我相信这句话是真实的。但自然，还应当加上乌兹别克人民自己的奋斗。我看过歌剧「蒲朗」，这是乌兹别克人民如何艰苦奋斗以求自身解放的历史的记录。我今天参观「历史博物馆」，看见了当时乌兹别克人民使用了怎样的武器和反动派斗争；他们用的是土炮，鸟枪，镰刀，斧头，石子，反动派用的是新式大炮和机关枪。然而胜利终究是属于乌兹别克人民的！人民的力量是伟大的，我因此完不踌躇地敢于预言：乌兹别克人民一定能得更伟大的成功和胜利。我相信：不论是怎样伟大的帝□主义，不论是原子弹加金元，都不能破坏苏联人民的和平民主的幸福，也不能奴役全世界爱好和平民主的人民；让我们大家干一杯，敬祝苏联人民社会主义建设的成功和胜利，并祝全世界的要求和平民主的人民大家最后必然成功！

三月十四日，星期五，晴。六时起身，进早餐后八时赴机场，九时许起飞。这次仍是那架專机，仍是原班人馬。（我们叙緬代表团二个人，VOKS招待及翻译三人）。因為昨夜只睡了三小時許，机起飛後我即睡着了。十二時頃，在机中進食，試望窗外，上边是一片青天，下边則是茫茫雲海，陽光受阻於雲層，有一些雲朵被「燒」成了淺紫色。此時飛机在三千公尺左右之高空。午後二時降落於阿西哈巴特，加油休息，一小時後又起飛。

阿西哈巴特是土克曼共和國的京城，（土克曼共和國人口僅一百二十万左右），位於卡拉·昆沙漠（黑沙）的边緣，而在考壁·達格山脈的脚下。亞热帶的氣候，多晴天，空氣乾燥。「阿西哈巴特」者，土克曼語，意為「愛之城」。街道寬闊，樹木成蔭，也多菓樹園。街旁有兩水溝，一可不是排洩汚穢的下水道而是灌溉的水渠。全市人口約十二三万，有高等学校四，技術学校二十，「七年及十年制学校」三十二。工業有紡織，罐頭，玻璃，造酒，麵粉等工廠。土克曼著名的出產是棉花，水菓，礦石，含油及含棕皮的植物。

阿西哈巴特有製片厰，電影院，土克曼音樂劇場及話劇院。

午後七時許，抵巴庫。飛機在油田上空掠过，那些油井上的塔形鉄架密々麻々遠望犹如林木。在机場平安降落，在場欢迎者有阿塞尔拜疆共和国外交部代表及阿塞尔拜疆对外文化協会（AZOKS）副主席伊达夏脱・文丰吉夫等三四人。机場离城頗远，汽車又穿油田而过，約四十餘分鐘始抵城市，又穿城而过，始抵旅館。这是靠近海边的四層大建築，設備很完全，我们的房间在二楼，虽不大，但有浴室，遥望窗外便見一片海，以及海对面的無数高煙囱。八時進晚餐，以后休息。（这也是塔什干時間，当地時間則已为十時）。

三月十五日，星期六，晴。此间較塔什干冷些，旅館仍燒水汀。

上午十時參观「紀念阿席司别考夫石油工業学院」。校長及教授多人熱忱招待，引观各部。校舍甚大，而我们參观的時间又適值上課，我们来在那大群的上楼或下楼的学生中間看々，西问々，自然很受学生们注意，而女生们尤其注意她们穿的旅袍。我们也觉得女生特别多，其实全校学生总数四千五百人，女生不过千五百人而已。此校成立於一九二〇年，（巴库大学亦于同年成立），初仅木屋一幢，自一九三〇年以大加扩充，五年内即達成今日的规模，共用建筑费二万五千万盧布。又该校所举以为纪念的「阿库司别考夫」是阿塞尔拜疆的革命家，党的领导者，同时亦是工程师；一九一八年巴库白党和英帝国主义的武装干涉者阴谋举动，致党代表二十六人，阿库司别考夫即其中之一。去年为阿氏七十年诞生纪念，共和国曾有盛大的纪念會。

为了节省时间与精力，我们参观的程序也就以「不走回头路」为原则，而不能按照合理的先後次序了。因为此校现有七系，六实验室，再加全校图书館，各系图书館，標本陈列室，俱乐部，医病房，保育房，托儿所，学生宿舍，食堂等等，差不多在百万人口的巴库市内是一个「学生城」了，我们想用几个小时看完它，（事实上是「走」完它），当然不能不将就。

所谓七系，乃是一地质调查，二石油之採掘与提炼，三技術，四電力，五建築，

又经济，七机械。各系皆五年半毕业，入学资格为中学毕业生或同等程度者，须
经过考试。学生全学公费，每月得公费五百卢布，此数（除付伙食外，尚可余约二百卢
布为零用）。全校教授、讲师等等约五百人，其中博士二十人。去年全校
经费为二千五百万卢布，今年有增加。历年来毕业生现任工程师者
凡七千五百余人，其中百分之五十以上为阿塞尔拜疆人，而阿族妇女亦有千人之
多。现在全校学生四千五百人中，阿塞尔拜疆人估百分之七十左右。

六个实验室分两组，有机化学与物理，各三室。全校图书馆藏书四十万
卷，这是一般性质的，各系的专用图书馆尚不在内。疗病房除内科外科
而外，尚有眼科与牙科。

俱乐部包括大会堂（有放映电影及演话剧之设备）以及学
生的文化娱乐组织，如话剧，合唱，图画，文学，技术。学生们办的壁报
很多，又有油印定期刊。战时，学生及教师服务于前线或从军者共约

七百餘人，得战斗勛章奖章者四百餘，学生得「蘇联英雄」尊号者一人。

各部门中，最使我们感觉兴趣的，乃是托儿所。蘇联工厂的托儿所我们看过好几个了，但学校的托儿所却是第一次看到。例子这里的儿童特别「顽皮」，我们一进去就受到包围。有一位大约四岁的「小外交家」拉住了衣袖，不管她懂不懂话，嘰嘰咕咕说了不少，又拿出玩具来给我们。幸有譯员帮忙，我们问他：「爸爸是做什麼的？」他回答：「在工厂工作」。又问：「妈妈呢？」「妈妈在念书」。原来他是本校一个女学生的孩子。托儿所共有四岁到七岁的儿童一百人，都是本校教职员及学生的子女，日间寄托，晚上领回。负责此一百儿童的衛生、教育及管理的，除医生及普通职员四五人外，尚有教育员及保姆各四人。

参观了「石油工業学院」以後，即访问「阿塞尔拜疆科学院」。院長及会员两三人招待。「阿科学院」是一九四五年五月正式成立的，本为全蘇科学院的阿塞尔拜疆分院。现設四部：一自然地理，二物理及技術，三生物及農村经济，四社会科学。所属專门学院十七，研究所三。院長弥尔卡楼拉·弥尔卡西莫夫博士，外科專家，今年五十五岁，挺苦，阿塞尔拜疆科学院主要研究目標，一為石油之调查与開採，二為水力發電，（阿境内有不少水力可供利用），已于社會科学方面，现有歴史，文学，藝術等学院八个，其中之「尼若弥文学院」乃以發揚本民族固有文化及介绍外国古典文学為目標。科学院出版部發刊公报及不定期刊。科学院及其直接領導机構之全部工作人员約一千二百餘，其中科学工作者約半數為，餘為事務方面之工作人员。

談話的时候，院中職员拿出许多装订精美的書籍擺在桌上。此等书籍大部為科学院会员的著作，有哲学，文学，歴史，自然科学等。院長请我们挑喜歡的隨便拿。这些书都是阿塞尔拜疆文的，大家觉得看不懂，就挑有插画的本子；我挑了一本尼若弥的诗集，有彩色插画多幅，甚精緻。

從科学院出来，就到電影部。此部管轄巴庫製片廠，及共和國電劇本集。部長為詩人達拉索拉柴，約三十餘歲，據說巴庫製片廠五年來出產有聲故事片八部，皆得佳評。例如「潛水艇第九號」，「一個家庭」，「花布小販」，——後者曾譯為蘇聯各族語言凡三十六種之多。現在正計劃開拍者為歷史片「法塔列汗」，此「汗」為十八世紀統一阿塞爾拜疆的英雄。此外，紀錄片之在計劃中者，則有「石油之開採與提煉」，「阿塞爾拜疆生活」及「蘇維埃阿塞爾拜疆三十年」，——最後這一種是為了迎接十月革命的三十週年紀念的。「法塔列汗」的攝製預計需費一千〇五万盧布，由共和國政府措給。政府近又撥款設立巴庫製片廠第二廠，專攝製新聞片，預期每月出產四部。

接着就到特別放映室看「花布小販」。這一張片子是根據現代阿塞爾拜疆的著名的戲曲家及作曲家——被尊稱為「阿塞爾拜疆現代音樂之父」的——烏塞也爾·格奇貝可夫的音樂喜劇"Arshin-Mal-Alan"（「貨郎」即有为衣布沿街叫卖之小贩）改编的。格奇贝可夫作品多种，曾得斯大林奖，此剧在外高加索一带极负盛名，有俄文、乔其亚文、及阿尔美尼亚文三种译本，三十年来每次演出都受大欢迎。格氏此剧故事大略如下：

革命前阿塞尔拜疆的旧风俗，订婚男女双方不得见面，然而阿斯克尔（男）及吉娥尔巧哈拉（女）却反对此种「暗中摸索」的婚姻。其实，阿斯克尔与吉娥尔巧哈拉两家门第相当，二人才貌亦不相上下，媒人并没撒谎，不过，这已订婚而未见面的一对却立志要反抗恶俗，不受父母之命。在男的一方，这件事尚有方法解决，他可以乔装混入女家，一探究竟。于是阿斯克尔从友人之计，乔装为衣布小贩，居然进了女家的深宅院落，见了对手，十分满意，而女亦一见钟情。然而阿斯克尔尚思试探女之真心，不以实告。这可苦了吉娥尔巧哈拉。她为了忠于那「衣布小贩」，就不肯出嫁，而当不见谅于老父时，她就企图自殺。两方的亲友费了不少手脚这才把「真相」弄清楚，在快乐中这一对终于结了婚。電影的「茶布小姐」是蘆比脫·腊赫瑪諾夫改编故事，加了许多穿插，情節更其变幻，而色彩亦更其鲜艳了。

四時回寓午餐。小睡片刻，六時又赴「菲拉莫陵音樂院」。此院建于四十年前，布置華丽而座位不多，約可容五百人而已。阿塞尔拜疆之有民族音樂演奏的組織，始于一九二〇年，至一九三七年方達到現在的規模。現在全阿所有音樂歌舞学院及其同類的組織共約二十餘個。本晚節目分前後兩部，前半部為民族音樂之演奏及歌唱，后半部為民族歌舞。前半部第一節目為民族音樂，列坐台上之樂隊共約三十餘人，然樂器則僅三種，一為「喀芒却」，形似胡琴，一為「他尔」，形似三弦，又一則為鼓。鼓手僅三人。演奏分為三段，每段開始時先由一人獨奏，約三四分鐘，然后众樂合奏，其声嘈急，因無人解釋，不知其意義。第一段開始時獨奏者為「喀芒却」，第二、三段皆為「他尔」。

第二節目為一女独唱，第三節目為二女合唱，伴奏為民族樂器加一鋼琴。她唱頗受欢迎，共歌三支，最後一支因观众要求，再唱一遍。此等歌曲皆阿塞尔拜疆语，唱者皆共和国的人民艺術家，最受欢迎之一歌每三四句即有音调急促之「过门」，似作「啧々々」之声。

休息十五分鐘後，舞的節目開始了，共五節。初為七女共舞，次為男女合舞，又次為男女对舞，女子手各持一瓷碟，食指与中指皆戴金属之套，舞時击碟叮々然，以代拍子。又次為七女一男上場，男子頭頂一金属大盤，盤中置玻璃杯十只，其中四杯盛酒幾满。先七舞片刻，男即跪下，七女各取二空杯，门置一掌中，使相击作拍子，又一女則取注酒之四杯，手各二杯。於是隊形变換，此女立中央，餘女又圍繞之，緩々起舞。舞时手执酒杯之女時々反旋其掌或折腰廻身，而酒不傾。最後一节目，一男子持棍而舞，衆女掌助其節奏，樂隊奏鼓，其声頗急。此舞亦大受欢迎，要求再来一次。

男女舞者皆作民族裝束。女子長裙短襖，鏤金腰帶，襖袖大而短，露白綢內衣之長袖，襖為对襟，緊束身上，然當胸部分，缺半圓，蓋使乳房鼓凸，益增細腰之美。襖為綠色或翠色，裙則多為猩紅色。

演奏於十一時完畢，歸寓晚餐後即就寢。

三月十六日，星期，晴。六時半醒後不復成睡，因起洗漱。七時許，陽光射窗而入，遙望窗外，海水澄碧，隔海濃煙如雲，蓋為工廠區。

今日較昨日為暖，出外不需皮大衣了。十時參观近郊油井。先由管理部，主持人說明巴庫區石油工業概況如下：巴庫區石油工業之中心机構為「斯大林石油托辣斯」，所轄油田凡十四五処，油井約二千餘，皆在巴庫市周圍。業務為開採石油及天然煤氣。本區天然煤氣儲量亦丰，已開始利用，我們所到的托辣斯管理部大廈即以天然煤氣為燃料。工作人員（工程師，技師，工人合計），約八九千，工資平均按每月二千五百盧布—三千盧布。油井深淺不等，最深者八九百公尺。

从管理部出来，我们到最近的油田，汽车走了不过四五分钟。这是个小小的土岬，佈满了油井，远远望去，井上的尖錐形鉄架就跟樹林一般。这些「樹林」从陆上又向海内伸展，最远者离岸千餘公尺。原来海底也有油。只要地下有油，不问如海底或在高山，人们都要想法去开採。又如这土岬，本来是一片海水，革命后排水得陆，闻成一片油田。因有此土岬，裏海多了个小小的海湾，这湾即名为「伊里奇」——列寧之名。

这里的油井都是所谓「抽汲式」，即赖机械之力将原油抽上来的。每井旁边，有一小木屋，内即抽汲原油之机械，電力鼓动，晝夜不息，毋需人管理，汲得之油每以机械之力经过大小油管導至油庫。抽汲式而外，又有压力式，这是把空氣压入油管使原油上升，再经过導管而入庫。我们也参观了此種油井，那可没有那小木屋了，僅井上鉄管附有压力計算器而已。压力来的原是氣压站，我们也参观了。这是一排不怎大的木板屋，内有压力机十架，一进去，热不可耐，气音也大得很。这些机器的燃料就是油井所出的副产品——天然煤气。

参观油井既毕，复进游市内。巴库市区甚大，在苏联各都市中，位列第五，全市现有人口近百万，街道宽阔整洁，房屋三四层者最多，市内"绿荫"颇多，而海边马路一带，树木成行，星期日道旁休息椅上坐满了出来散步的人。全市马路百分之八十已铺柏油，此即石油工业之副产品。全市饮用之水皆取自二百五十公里外之山泉，有水管二根直达巴库。（前次我们到梯俾利司，车过巴库区，车中有客说巴库不生菜蔬，因地土含石油植物不宜于，今兹目睹，知不尽然。巴库市内树木很多，而除油田区外，菜蔬所产亦多。）

但巴库之得有今日之美丽与整洁，全赖苏维埃政权之建立。革命前，这里只有破烂的矮房子和弯曲而狭隘的泥路，饮水是从船上用木桶运来。当然巴库因有石油而早在一八七〇年就大大出名，一八六〇年仅有一万三千五百人口，到一九一三年（即第一次世界大战前一年）就是三十三万，可是，那时候的石油工业资本家只顾自己口袋装满，却并不把「市容」弄得好些，至于市民（大部是採油工人）的福利更不在他们心上了。从革命前那个骯髒破爛、不衛生的巴庫，变成了现在这样的巴庫，总共也不过二十年。这是僅就市政而言。至于石油以外其他工業，以前所没有的，现在都有了，而石油工業本身的設備也经过了徹底的改革。文化事業之發展，更不用说，全是革命以后的事。在沙皇时代，全阿塞尔拜疆没有一所高等学校。

馳名世界的黑魚子，阿塞尔拜疆所產最多，并最佳。纺織，釀酒，化学工業，植棉（蘇联第二植棉區），皮革，食品工業，都很發達。

巡遊了全市以后，又登高在建築中之「基洛夫公园」。这是濒海的高地，俯瞰可见全市，建築工程開始不久，今已成者为若干柏油馬路，縱貫通市區，若干「绿區」，及园中心（亦即最高处）之基洛夫銅像。像座三面浮雕，一为基洛夫与红军將士像，餘二为基修夫与工人及農民。像高四十公尺，在市區任何處，皆可望見。公園既瀕海，而地勢又高，自然雄偉而壯麗。濱海馬路（名為斯大林路）繞公園腳下而過。（我們所住的旅館即在濱海馬路旁，故亦即在公園腳下）。昔年此一帶都是海灘，填為陸地後，將瀕此濱海馬路及其後側之兩道街市。今在高樓聳而櫛比之新式建築中尚見有一古色古香之圓形高台，據云此為十二世紀物，昔年台下即為海。台名「處女台」，相傳古代時有一「汗」好色而暴虐。「汗」有女甚美，「汗」逼欲以為妃。女知不可拒，則紿之曰：「若必要我順從，請先為我築高台于海边，我將居此台中不與人見，使國人不知有此醜事也。」台既成，女登台蹈海而死。離台不遠，今尚存此「汗」之宮殿廢址，要塞及教堂，教堂尚完好，有圓塔如直立之玉米棒，高約二十餘公尺。

晚八時赴「孫尔若巷達列·阿洪道夫歌舞戲院」观歌劇「瞎眼者之子」。阿洪道夫是十九世紀阿塞尔拜疆的最大作家，且為阿戲曲之奠基人，

戏院是纪念他的，建于革命前，可容观众一千三百人，戏场及休息室的装饰
均极华丽。「瞎眼者之子」是乌塞也尔·格奇贝可夫的作品，曾膺斯大林
文艺奖。格奇贝可夫为现代阿塞尔拜疆戏曲界泰斗，今年格氏六十大
寿，全苏曾热烈庆祝。他的第一个歌剧写于一九○八年，此即奠定了现代阿
塞尔拜疆音乐之始基的「蕾情丽和麦其侬」。本晚演出的「瞎眼者之子」则是
格氏的最近作品，一九三二年开始创作，一九三五年完成。近今十年，每年此剧上演皆受
热烈的欢迎。本晚观众异常拥挤，六人座的包厢中有挤着七个人的，格氏夫人及其家
属四五人也在靠近舞台的包厢中，和我们做了贴邻。休息时，由于戏院的经理介绍，我们和格
氏在经理室谈晤，在座者并有乐队的指挥者涅阿什·塔
吉萨提，他是富有天才的青年指挥者，同时也是作曲家，在年青一代的音
乐家中，他的声望极高。

阿塞尔拜疆歌剧的发展是和格奇贝可夫的名字不可分离的。

僅举一例即可证明：当一九〇八年格氏的第一歌剧「蕾特丽和麦其侬」首次上演，完全是少数热心者（以格氏为首）的「業餘」的组织，並無所谓剧团，而且剧中的女角还是由男子担任的，——因为伊斯兰教的教规是不许女子演剧的。（现在阿塞尔拜疆的著名歌星，共和国人民艺员K·玛勉度娃，从前即因「犯规」而几乎送了性命，被迫逃亡。）从一九〇八到「十月革命」这差不多十年的期間，格氏及其同志们之奋斗，其艱苦远非现在苏维埃政权下年青的阿塞尔拜疆音乐戲剧工作者所能想像。而如果没有苏维埃政权，格氏的天才是否能够尽量发展，怕也成问题哩？

「瞎眼者之子」取材于十五六世纪阿塞尔拜疆人民反抗暴君的故事，概要如下：当时有某「汗」不得人心，人民组織武装反抗，领導者为一铁匠之子。「汗」捕铁匠，命交出其子，铁匠不从，「汗」挖其双目。于是人民称此武装组织之领导者为「瞎眼者之子」，其真名反而不传。人民之武装屡次要败「汗」之军队，此暴君卒被打倒。此为本剧主要线索，其间有穿插之爱情故事，即「汗」之女深明大义，私与人民武装有联系。当「汗」军屡败，文武官员都一筹莫展了时，一弄臣献策说偷到盗得「瞎眼者之子」「人民武装领袖」所骑之骏马，即可反败为胜。「汗」从其计。「汗」女事为所知，急遣心腹通报，而已不及。「瞎」既失马，乔装为歌者，入「汗」宫刺探。「汗」及群臣皆不识「瞎」，不幸盗马者適归，「瞎」被识破，于是被捕。「汗」女又设法使「瞎」脱出，但自己却被捕了。「汗」定期将斩其女，此时人民武装此时已大败「汗」军，救了「汗」女，并结束了暴君的政权。「瞎」与「汗」女结婚。在胜利欢呼声中全剧五幕奢华的宫廷场面与紧张的战争场面错综交织，而在盗马一场，真马亦上了台了。

戏毕，十二时回寓，进晚餐，一时许就寝。

二月十七日，星期一，晴。晨七时半醒来，甚倦，但是再也睡不着了，遂挨到八时起身。补记昨日日记至十时，旋即进早餐。十一时参观一纪念列宁机器制造厂。这厂已有五十年历史，专门制造採油机；（可是五十年中的前二十年（即革命以前），它仅有小小两个作场，革命以后几次扩充，始成为现今的规模，比较革命前大了十倍。採油机即开凿油井的机器，油管为採油所用的及发动机等则不在该厂制造范围之内；倒是炼油机器的有些零件在该厂制造。全厂工人三千，（其中百分之四十为阿塞尔拜疆人，余为俄人及其他民族），女工占百分之三十弱。工程师技师共三百余人。最低工资每月六百卢布，最高每月五千。斯泰哈诺夫工人每月所得则在五千以上。去年一年间，工人所建议之「合理化生产方法」经採用而有效果者凡八百四十件，因此而节省下来的金钱，共计二百五十万卢布。工人建议被採用者，例有奖赏。全厂工人执行生产计划成绩最高者超过规定百分之四百五十，最低者亦為百分之五。

我們由廠長，總工程師等三五人引導，參觀了全廠的各部門。走過材料廠，見堆積廢鐵甚多，大半是破損的坦克和砲架。據告：這都是此次衛國戰爭的殘遺，其中有敵人的，也有本國的，該廠近年來就專把這些廢物來利用。又看見該廠新近正在大量製造的「流動採油機」，這是把採油機裝置在載重力特大的卡車上，目的在于行動方便，鑿開一井以後便可迅速轉移地點另鑿一井，時間和人力當然可以節省很多。

最後參觀該廠附設的療病房，俱樂部，和托兒所。這三種機構，凡屬蘇聯工廠一定都有；工廠愈大，工人人數愈多，則此三種機構的規模也比例地增大。办法及設備大都相同，巴庫或塔什干的，並不比莫斯科的差些；此因蘇聯工業全為國營，亦即屬于蘇聯人民所有，工廠福利事業自然容易办得一致。「引穿機器製造廠」的療病房是分開設在各部門的，輕病隨到隨診，至于重病则送巴库其他医院或疗养所。该厂在巴库郊外有自设之休养所，专供假期中的工人们休养之用。至于俱乐部除有文化娱乐各种小组之设备外，每晚开演电影，话剧或音乐会。话剧由厂中工人自组之话剧组演出，或邀请国家戏院的剧团来一个特别演出。俱乐部附设之图书馆，藏书五千余卷，其中约七百卷为机械及技术书籍，二千卷为文学作品。

从「列宁机器制造厂」出来，即往参观「纪念巴甫洛夫自然医疗研究所」。这是革命以后创办的，一九二八年开始建筑，三〇年完工；三五年内部布置就绪，正式工作。研究所的主要任务为研究皮肤病，神经系病，妇人病之自然医疗方法，应用各种各样之电疗法（包括红外紫外光线，人工太阳灯及其他），水疗法（包括海水浴，矿水浴，蒸气浴，及其他），按摩，运动，土敷（泥土外敷）及Naftalan

外敷治療法等等。naftalan是提煉石油時所得的一種副產品，為黑色膏狀物，据云僅產於巴庫區之油井，蘇聯專家發明用以治皮膚病，胃癌，结核，风湿等，均有特效。现今在继续研究中。同往参观的叙利亚黎巴嫩代表团中那两位医生对于naftalan大感兴趣，说为创见，包围了研究所中的此道专家详细盘問，别的部門都无所参观了。可是我们反正什麽都外行，多听不如多看，就由研究所的所長及另外两位医生引導着到处都走了一遍。这一下，就化了两小時，即此可以想见此研究所規模之大。我们看见電療，水療，運動及naftalan治療等各部門，都有病人，雖知这研究所原来是开放门诊的，据云每日门诊有平均八千人之多，早上八时开始，晚上九时停止。医治一概免费。研究所的医生和職員共計有四百餘人之多。全所每年经费三百五十万盧布。

我们看见電療及红外紫外光线的特别房间共三十餘间，水療及

naftalan治療的特別房间也有那樣多。我個人看了最感興趣的，是水療部分。這是特別房間以外又有一大統間的，這里有海水浴，蒸氣浴，淋浴，电激浴等等门類。温水浴有一種是把空氣壓入温水中然後入浴的；淋浴則花樣甚多，除了普通的自上而下的淋浴而外，又有四旁注射，自下注射，猛射等等；自下注射者，有特製之架子，病者或坐或臥，機関一開，水就来了；四旁注射时，病者立於鳥籠一樣的東西内，水從四面八方射来；电激浴最奇特，病者手腳各插缸内，开動了机関，缸中之水即激動如电潮，據説这是等于用水代替人手给病者按摩。

研究所尚有許多实验室，可是我们来不及一一参观了。回旅館的时候，叙黎代表團那兩位医生每人都携naftalan一大包，説是將帶回本國給同業们看看。

四时回旅館午餐。大家休息。晚九时，巴庫市長在旅館的特别房间内设宴送别，因为叙利亚和黎巴嫩代表团明天回国，而我们亚乡再留两天也要回莫斯科了。陪客方面到科学家文艺家二十余人。席间宾主屡屡举杯互祝并致辞，宴会直至夜半一时始告结束。

宴会时我的邻座是一位女诗人达尔巴席。据谈，现时的阿塞拜疆文学仍以诗歌最为发达，她本人的作品计诗十七卷及散文若干卷。这位女诗人看来有四十左右或许不过三十多些。

今日大风，午后更甚。据云巴库常有大风。

三月十八日，星期二，晨八时已醒，犹倦甚，偃卧床上，至九时始起身。遥望窗外，满天愁云，幸尚无风。但九时后，大风又作。十时许小雨，渐似雪花。叙利亚黎巴嫩代表团今天早就到飞机场去了，天气这样坏，恐怕未必能成行。但到了午后二时，雨止，天色转晴。三时午餐。四时许，送叙黎代表团去飞机场的人们回来了，据云飞机是等到午后二时雨止这才起飞的。

五时许，与史君出外散步。沿旅馆前之濒海马路（此即斯大林路）信步走去，旋又左转，思达市区中心，路过一商场，入内观光，见大小商店甚多，顾客拥挤。我们打算看看有没有本地土产的手艺品可作纪念的，然而圈圈走了一遍，所见无非工业品。这一来，时间化去不少，人也累了，便「觅路」回去。为什么我们不走原路呢？因为濒海马路风太大。我们不认识路，但方向易得。只要抬头一看，就可以看见那「基洛夫公园」内竖在天上的基洛夫铜像，而我们所住的那旅馆却就在公园脚下。我们朝这目标走去，穿过了好多条大街小巷，忽然看见「处女台」耸立在路顶，俯瞰阳一街。拐过此街，先见形如城垣之建筑，而「处女台」尚在此「城垣」之后。询路人，知「城垣」为古要塞遗残，垣不高，每隔两三丈即有一圆堡，当是昔年作为瞭望的哨岗用的。「城垣」尚存二门洞，门楣上有石刻阿剌伯文，文字雕一牛头，旁又有二兽，如狗又如马。穿过此「城垣」，又数十步，始到了「処女台」下。这实在是二十多公尺高的一座圆塔，一面有長方形窗之小孔，仅有一门，门上有佈告，有镇小佈告是阿塞尔拜疆文，同行之翻译史君亦不能。绕过了「処女台」，穿行一小巷，忽又遇见一小小座古教堂，旁有一圆塔，约高二十公尺，直立如玉米棒。此小教堂及塔，想来就是十二世纪那个建造「処女台」的「汗」的遗物。拟细仰观的时候，路旁老妪说小教堂有人看守，可导游。但我们因时间已经不早，没有进去参观，一直回了旅馆。

八時，观歌戲「蘭绮丽和麦其儂」。此即「阿塞尔拜疆现代音樂之父」乌塞也尔·格奇贝可夫所作之第一歌劇——亦即阿塞尔拜疆第一歌劇。「蘭绮丽和麦其儂」是近東及中亚细亚世代传说，十二世纪时阿塞尔拜疆大詩人尼薩弥写為詩篇，其后作者继起，據云共有二十五種之多，連其他近东中亚民族詩人所写者在内，至于格奇贝可夫这一歌劇是根据十五世纪阿塞尔拜疆古詩人徽索利的本子改编的。我们在塔什干时，看过了现代乌兹別克作曲家格里也耳与薩都可夫戲曲家哈尔薛特根據十五世纪乌兹别克大詩人奈伐衣的詩篇所編的「蘭侍丽和麥其儂」，但已经因為看过乌兹别克的这个戲，所以現在特地要看看阿塞尔拜疆的。看了以後，果然知道兩劇雖同一題材而表現的重点則不同。如对于主角蘭侍丽的丈夫的性格則兩劇所寫簡直是相反的。在乌兹别克這一歌劇中，這位丈夫对于他妻子（蘭侍丽）的處境並不同情，对于麥其儂更深怀憎恨，而在阿塞尔拜疆这劇中的丈夫却要对于蘭麥二人都抱同情，兩劇都寫這位丈夫結果是自殺，但一則由于憎恨，一則由于悔悟。（関于此兩劇之比較，见另文所記）。至於灯光佈景等等，兩劇各有所長。

戲畢返寓，晚餐後上床，已夜半二時。

三月十九日，星期三。晴，有風。上午在寓休息。下午二时赴「阿塞尔拜疆作家協會」之茶會。「阿塞作協」的主席為薩弥阿特·伏尔貢納，（他又是阿塞尔拜疆对外文化协会的主席），斯大林文艺奖的得者，阿塞尔拜疆科学院会员，最高苏维埃议员。他的得奖作品是「法哈和西林」，及「伐甚也夫」，两者都是剧本。伐甚也夫乃阿塞尔拜疆十八世纪最大之作家，此剧即写他生平的事迹。伏尔贡纳现为苏联其他作家同往敦倫访问，昨日的招待茶会由「阿塞作协」副主席梭列曼·鲁司冊（诗人，阿塞最高苏维埃议员）及扎蒙鲁夫（批评家）主持。这一茶会的主要目的是介绍我和阿塞尔拜疆作家们（毛巴库的）见面，并随便谈谈，到了十多位作家，其中有年龄最高的阿布都拉·沙以克（诗人，戏曲家），阿塞最高苏维埃议员，他的剧本「傑薩贝」当天晚上我们在国立戏院看到了，瑪弥也特·拉格姆（诗人），琪丽拔斯夫人（诗人），阿赫米特·威弥里（诗人），拉苏尔·拉什（诗人），薩里凡列（诗人），梭列曼·拉吉莫夫（小说家），弥尔·威拉尔（小说家），弥赫吉·古辛（戏曲家），薩比得·拉赫曼（戏曲家），玛鲁也特·汉雷（散文作家），奥路特扎列（批评家）等名作，都是初次会见。

会见以前，我们随便谈着。我即问阿塞尔拜疆文学发展的情形。批评家扎发罗夫（他又是阿塞作协副主席）一回答，兹记其概略如下：

十二世纪为阿塞尔拜疆文艺的发展时代，音乐绘画都已灿烂可观，而诗则已达黄金时代，最大代表为尼薩弥和甘吉维。尼薩弥为古代世界七大诗人之一，其影响不限于阿塞尔拜疆，且及于乌兹别克之奈伐衣，喬其亚之罗断泰维列。与尼薩弥同时之诗人尚有哈罔尼，亦甚著名。十四世纪的大诗人為奈西弥，因為努力于民族解放事业，为当时的蒙古侵略者剥皮而死。十六世纪的最大诗人為徽素列，他博学多能，所著并有哲学及科学书籍。他是古典文学继承者集大成之一人。此后，到了十八世纪，写实主义倾向加重，伐其也夫是其代表者，他的特点是内容丰形式都是要民族的，更要接近民众的。伐其也夫的密友徽達第，也是当时的大诗人。十九世纪初期，散文与戏曲兴起，诗不复是文学的唯一形式。此时期的大作家为拔克哈诺夫，他是散文作家，但又是历史家，科学家，有关于天文地理的著作；他的文学作品最著名者当推「关于斯開列」，此书主张自由恋爱，反对封建道德。（斯開列为书中主人公之名）。但十九世纪最大的作家当推弥尔君蔑達列·阿洪道夫，他是阿塞尔拜疆戏曲的创始者，并且他在近东有极大影响。他又是唯物论者，著有哲学著作「两种原则的信仰」。同时的女作家李泰方，当极有名；她是那时候的「文艺沙龙」的班头。她住在索薩城，当时的索薩城为文艺作家集居之所，而诗人为尤多；索薩城风景很美丽，描写此城的诗歌很多。（在阿塞尔拜疆文学史上，最早的女诗人是玛赫薩蒂，她是尼薩米的好友，著有讽刺诗甚多，并因此而被放逐）。

進入二十世紀（革命以前），最重要的作家是摩哈默德·古列若特，他的筆名為「莫拉·奈色拉丁欽」，他主編一刊物，即以此筆名為名。他和劉東，最著名者為「死人」。刊物「莫拉·奈色拉丁欽」在近東有很大影響，參加此刊物之重要作家尚有詩人薩比尔。他們兩人實為阿塞尔拜疆民主革命文學的創導者。

因為時間關係，革命以後的阿塞尔拜疆文學沒有談到。但是扎蒂羅夫先生送我一本俄文的「第二十五春天」，這是紀念阿塞尔拜疆蘇維埃政權二十五週年的文學選集，其中有理論文，有散文，詩，小說等等，在此書中就可以看到革命以後阿塞尔拜疆文學的大概面目。

茶點開始後，賓主互說致辭。其間又他們詢問及中國文藝情形。他們非常渴望能夠和中國的作家團体經常有交換知識經驗的機會。五時許，茶话會完畢，回寓休息。旋又進午餐。八時，赴「紀念阿席司別考夫國立戲院」觀話劇「儂薩貝」。这是老作家阿布都拉·沙以克的作品，根據尼薩弥所作詩篇，故事的概畧如下：馬其頓王亞歷山大征服世界之野心我已实現，感覺到了肅達國（今为阿塞尔拜疆共和國内一村之名）。肅達女王儂薩貝美而多才，國内諸「汗」向其求婚者甚多，不遂所欲则擬以武力对付之，而此時亞歷山大的大軍又進攻了。亞歷山大的野心是双重的，一为土地，一为美人——儂薩貝，故在大軍压境之段，尚派使節利誘儂薩貝。而求婚失望諸「汗」则為私慾所蔽，对抗戰怠工。儂薩貝運用其才智，號召諸「汗」團结共禦外侮，亞歷山大進攻不利，乃知難而退。在阿塞尔拜疆歷史上，儂薩貝為統一門族諸「汗」而成一大國之第一人。

十二時回寓晚餐後即就寢。今晚在戲院休息室遇見烏茲別克科学院院長薩王娜·薩丁夫博士，他是昨天到巴庫，即将赴印度出席亞洲民族人民代表大會。

三月二十日，星期四，晴。今日休息。下午四时，阿塞尔拜疆作家協會所办的

「文学報」记者来访問。「文学报」是周刊，已有十五年歷史，每期一大報■，作例费为莫斯科的「文学报」，（此为蘇联作家协会之机関刊物），但当他是用阿塞尔拜疆语文的。

今日决定的晨飛莫斯科■并知此行之中间站为斯大林格勒，预定在斯城过宿。本晚尚有看戏的约會，但■恐过劳，则明日飛机中持感不适，遂辞謝。十時晚餐后即就寝。晚餐时遇见阿尔美尼亚对外文化协会主席卡■莱泰尔教授，他是今日到巴庫，也要去印度出席亚洲民族人民代表大会。他亦住在旅館，他的房间刚好和我们的比鄰，餐后到他房间内谈了许多时候。

三月二十日，星期五，晴。晨五时，旅館的值日员即来叩门促起身。盥洗后略进早点即赴机場，阿塞尔拜疆对外文化协会副主席伊達夏武·史半古夫■先生趕来送行。本定八时起飛，大概為了等候天氣報告，■九時始起飛。文半吉夫先生送我们上了飛机这才回去。文先生是文学史家，及批评家，巴庫大学講師，我们在巴庫这幾天，他天天伴從各處參观，而每次看戲，都承蒙他翻譯，盛情已為銘感。

十二時，飛机在阿斯特拉漢机場降落。风甚大。本以為在此降落，加油而已，不料停留了一小时後突宣布：斯大林格勒氣候不好，今晚要在阿斯特拉漢過夜了。于是旅客们纷纷下机，我们带了随身小行李，坐汽车進城。汽车过伏尔加河上之浮橋，（城市在河之北岸），又走了二十多公里，沿途见古教堂二座，甚壮丽。终于到了旅館，（名為阿斯特拉漢大旅社），在三樓，我们的房间很大的两间套房。但房大而傢俱不多，空荡荡地似乎说話都有回声。此旅館正在大加修葺，二樓多数房间油漆未乾。

四時午餐，即在旅館之餐室，也是很大的一間，有音樂台。飯後略休息，又與史君逛市街，已见城中心之基洛夫大街。進百貨商店，見顧客甚多，已于食品商店顾客尤为拥挤，沿路凡见商店门前停立多人者，必为食品商店。我们挤进一家去看看，鱼，肉，腊肠，罐头，可真不少，而鱼类尤多，因为此地在里海之滨，鱼亦为特产。我们打算买点红鱼子，备明天飞机中用，可是这柜台前站满了人，挤进去实在不容易，而且那边收款柜前排队而付款者沿墙接手进口之门，似乎也还得等候好些时光，我们没有耐心等，只好不买了。

九时晚餐。这比午餐时热闹得多了，音乐台上有乐队奏乐，许多人等着座位，站在餐室的各处。旅馆经理费了很大的力，这才为我们弄到四个座位。晚餐（日午晚同）的汤都是鱼汤，浓浓的加着香料，倒还不差。十一时许就寝。

三月二十二日，星期六，晴。晨六时起身，吃过早点即乘车赴机场。

此时方知昨日尚有另一飞机的客人也在此过宿，这批客人是某一国（记得好係是伊朗議員的訪問團，男女各十多人，我們即和他們同車赴機場。但是我們一行有五人，（我們夫婦二人，翻譯一人，VOKS特派招待員二人），車中不能容，翻譯史君及VOKS的鮑君與薛君都擠到載行李的大卡車上去了。我們的車先到，有一人（大概是招呼那個觀光團的）以英語告訴我：飛機起飛尚有待，場上風大，又冷，不如先到機場的「食堂」坐一會兒。於是我們就和他們去。這「食堂」原來是大的一間地下室，我猜想它是戰時的遺物。「食堂」內擠滿了人，除了那「觀光團」的一部分而外，尚有其他旅客源源而來。座位不夠，有不少人站在那裡。俄而史君鮑君等也都來了，看見人多太擠，鮑君就請我們出來，他去另想辦法。這「辦法」就是到站上的辦公室。這也是地下室，一排四五間，火爐生得很旺。我們進去的一間內有兩位青年女子在辦公，她們是電報員。

大約九點多，說是可以上飛機了。站上所得斯大林格勒電報說是那邊氣候仍不見佳，但莫斯科來電則說「尚佳」，因此飛機決定直飛莫斯科。并且为了要多带汽油，临时把旅客调整，原来的旅客中间有四位下去了。一切都停当以后，飞机就起飞，此时天气甚好，机场上洒满了太阳光。十一时后，机入云阵。于是机飞渐高，过了三千公尺，机又在云之面上，阳光复照耀于机中。下午三时许到莫斯科（莫斯科时间为二时），下机时见机场积雪如旧，惟站前水泥地上雪已溶化。

从飞机站打电话给VOKS叶洛亦也夫先生。四十分钟后，他带了两部汽车来了。进城有四十公里，路上多处积雪将化未化，车子屡次打滑。及晚进城，则见大街上已露柏油地面。街旁积雪均已清除殆尽，（不是溶化殆尽）。叶君说，今天莫斯科是零上一度。

到了莫伏衣旅馆，才知道我们原住的那间房已在油漆，我们换到了二楼。这也是双间套的房，附有浴室，但较小，偏促，摆得满满的。

五时许进午餐。小睡片刻，旋又入浴。八时即就寝。

三月二十三日，星期日，晨七時起身，天色陰沉。见街上又積有落雪，想来是昨晚下的。八時許，斜风细雨交作，雜以雪花，天色更為陰暗。

下午二時，葉修甫也夫及翻译史君来寓，旋即同往参观「國立普希金美術館」。此館因战争停闭將及五年，去年十月方始重行開放。战時曾將館中所藏珍品撤退後方，德机轟炸莫斯科時，館屋部分受損，现已修理完畢。

說到這美術館的歷史，便不能不追溯到百年以前。十九世紀初葉，辛娜綺達·伏尔康斯基（Zinaida Volkonsky）的莫斯科文藝沙龍，有幾位座上客（自然都是当时的文藝界巨星）曾經起草了一个「莫斯科美術館草案」，其中有这樣的話：「美術應当包括在公共教育的範圍内，俾能養成人民的美感。」这个草案成於一八三一年，可是直到百年以後方始被发见，这个草案的擬定諸人之中就有普希金。然而，在沙皇时代，这樣的把「美術包指在《历史教育内》的计划，是不可能实现的。直到十九世纪六十年代初，距今也有百年了，由于多数教授之努力，莫斯科大学才成立了附属的「美術室」，专为学生们读美術史的时候作参考用的。这「美術室」就是后来的「美術館」的始基。一八八九年顷，莫大的「美術室」计有古代雕刻的石膏模型五十八件，古钱及古希腊彩陶罇各若干。后来收藏渐多，势非另建新屋不可。一八九八年，在著名建築師R·克来英的指导之下，开始了新館址的建築，一九一二年落成。这就是现在所有的館址。当时的建築费大部由私人捐助。因为是由克来英设计的，此美術館的館址本身也就是名贵的藝術品，全身结构和内部装飾，都尽善尽美。新屋落成以后，除了莫大「美術室」原来收藏各品外，又加進了著名的埃及学者哥伦尼雪夫（V Golenischev）所藏的古代埃及珍品，（一九〇九年加進来的），以及其他私人的收藏品，可是总数量还是不多，而且性质上还是只供大学生们及美術家参考用的。十月革命以后，方才把它开放给人民大众，而且大加擴充，现在共分七个部门：第一，古代東方部，此以哥倫尼雪乞夫的收藏为基础，共计一萬零五百件，其中一萬零五十七件是原物。大部是革命以后所增添，苏联的考古團每年都有新发見以充实此一部门的内容。第二，古代美術部，这就是从莫大「美術室」的收藏品扩大的，一九一二年又增加了许多石膏模型及原物；现有原物雕刻六百五十四件，陶罇一千一百四十八件，又其他七百八十一件。第三，西歐美術部，这是革命以後一九二四年成立的，收藏油画颇多精品。第四，版画部。第五，泉幣及纪念章奖章之部。第六，修理整新部。第七，教育及出版部，这是为了要实现列寧的名言「藝術属于人民」而設立的部门，它的工作是组织展览会，（包括巡回各地的特種展览会）出版通俗性的书刊报告等等。七部以外，又有一个图书館，这是专備館内的專家用的。

一九三七年，蘇联政府命令，为了纪念普希金逝世百年，該館改名為

「國立番希金美術館」。

今日我们参观了古代美術等三部，（东方部尚未開放）。略记如次：

「古代美術」部凡六室，主要是希罗腊马雕刻的石膏模型，从群众的藝術教育这观点来说，此一部门当然有很大的意義。「西欧美術」部主要是油画，此又分為意大利（十三—十八世纪），荷蘭（十五—十七世纪），英國（十八及十九世纪初葉），法國（十八及十九世纪前半）西班牙等画派，都共十八室。意大利派的珍品有卡剌奇（Caracci），基逢·罗瑪努（Giulio Romano），卡那莱都（Canaletto），第亞勃罗（Tiepolo）等等；荷蘭派有倫勃蘭（Rembrandt），魯本茲（Rubens）等；英國派有勞倫斯（Lawrence）等的肖像画和莫朗特（Morland）康士但勃尔（Constable）的风景画，法國派有布森（Poussin），克罗德·罗倫（Claude Lorrain），以及「巴比松派」（Barbizon school)的作品,(据说那是除了法国[illegible]所藏,当以该馆为最多)。

最后,西班牙派珍品除了吕倍拉(Ribera)所作的一幅人像,又有福吐尼(Fortuny)的作品如「弄蛇者」等等。至於「版画部」,藏有西欧,俄帝时代及苏维埃时代的作品[illegible]共二十八万件,可谓洋洋大观,其中最名贵的是伦勃兰的「蚀刻」。

五时許回寓午餐。七时赴大戏院小院观歌剧「露莎尔卡」。这是根据普希金的小说改编的,达尔戈姆什斯基作曲,首次上演为一八五六年。今晚的演出,布景极佳,而第四幕之水晶宫布景尤为美妙。

十一时回寓晚餐后即就寝。

三月二十四日,星期一,雨雪時作,但不冷。今日在寓休息,阅英文「苏维埃文学」及「新时代」周刊。

三月廿五日,星期二,阴。天氣忽暖,户外为摄氏零上五度。

日来胃纳不佳，而夜眠亦不安枕。当是疲劳过度之故。今日仍在房
休息，仅阅英文「莫斯科新闻」。

三月二十六日，星期三，阴，仍暖。清晨五时已醒，但卧床上至八时，乃起而洗澡。十时许，TASS社的女记者来访问。本来约定是昨晚八时，但届时她没有来，却现在突然来了，临时打电话给史君请他来翻译，可是又打不通。直至十二时，史君方来。

今日仍不出门。下午整理笔记，至五时，头痛忽作，胸膈胀闷，似将呕吐。晚餐时仅进面包两片，九时即就寝。服自带之感冒药三片。

三月二十七日，星期四，晴，仍暖。昨夜睡眠不佳，头痛亦未见减轻。又服自带之感冒药三片。

阅本月十八日之「莫斯科新闻」，知道K·西蒙诺夫的剧本「俄罗斯问题」印将在列宁格勒及莫斯科两地多数戏院内同时上演。据

云，苏联版权局截至现在止，已接获五百余家之戏院通知将上演此剧。此为一剧同时上演之最高纪录。西蒙诺夫从前所写各剧本都甚风行，“就会这样的”曾同时在九十九处上演，在当时视为空前，但和“俄罗斯问题”一比较，逊色殊多。曾得一九四五年斯大林文艺奖，鲍里斯。拉佛连涅夫的“祝福海上的人”，也是戏剧极为卖座的剧本，但同时上演之纪录，亦仅二〇三个戏院而已。

本日仍在寓休息。头痛渐愈，食欲仍不见佳。再服药三片。晚九时即就寝。

三月二十八日，星期五，晴，仍暖。零上六七度。街头冰雪全溶。今日头痛已失，但甚倦，昏昏欲睡。晚八时，赴柴可夫斯基厅观西欧古典舞。穿驼绒大衣已不觉冷。

三月二十九日，星期六，晴，且有阳光。白天在寓休息，晚八时赴“莉術戲院」看話劇「勝利者」。藝術戲院是斯坦尼斯拉夫斯基和聶弥罗維乞·丹青科在本世紀初年所創办，以能在演出上創造新方法，而知名于世。乞可夫和高尔基的作品差不多全是通过了藝術戲院的卓越的演技而和观众見面。在帝俄時代，藝術戲院不但是演劇藝術的新運動者，而且也是革命思想的傳播机関。藝術戲院的場子並不大，約可容观众五六百人而已。場子雖不大，建築却甚精緻，滿場淡雅的装飾，淺灰藍色天鹅绒垫子的很舒服的坐椅，舞台上用一顏色的丝绒幕繡着銀灰色的海鷗，——这是藝術戲院的標幟，紀念它當年演出乞可夫的「海鷗」所建立的声誉的。場子外面的休息室相當大，四壁掛着歷年来演出的戲照以及該院的名導演和名演員的照片。吸煙室和陳列紀念品的紫誉室都在三樓。紀念品中有該院四十週年時國內國外團体或個人送給戲院的礼物。

「勝利者」是飽里斯·克利斯可夫的作品。克氏的这个劇本和他的電影劇本「偉大的轉捩点」完全是一个東西。人物相同，故事亦相同，主題亦相同。我們已经看过電影「偉大的轉捩点」，今晚特地再来看话劇「勝利者」，開幕以前，我就自己問自己：现代战争的場面——特别是斯大林格勒保衛战那樣的紧張而偉大的場面，在银幕上表现当然办法很多，现在却要搬到舞台上来，这倒底应当怎麼办？这是第一个问题。其二，「偉大的轉捩点」据我所见，描写人物個性是很深刻的，炮火下紧張的動作是和極伟大而纤微的心理描写交織起来的，那麼，现在作为「偉大的轉捩点」的舞台劇「勝利者」自然更应注重这一特点了，而况藝術戲院劇作者傳统的方法又是以表现人物的内心生活着称的，因此，導演在此一点上将如何去制勝呢？最後，我也看过另一以斯大林格勒保衛战為題材的话劇「斯大林格勒人」，这一劇本的許多战争場面大都是靠了现代技術而以情形逼真博得观众的掌声的。那麼，「勝利者」是不是也这樣呢？　以上这三个问题，在看完「勝利者」以後，都得到了美满的出乎意外的解答。总而言之一句话，剧作者和导演者真有他们那一手的！

和“伟大的转捩点”一样，“胜利者”的故事从斯大林格勒保卫战最紧急艰苦的阶段起，直到最后的完全胜利，德军总司令鲍卢斯之帅被俘为止。剧本开场是德军掌握着主动，拥有绝对的优势，然后是苏军英勇地执行统帅部的命令，以少数队伍正面顶住，终于苏军统帅部布置就绪，对德军加以致命的一击。剧本的卓特之处即在■完全不多用正面的战斗场面，而在观众方面所得的效果比多用更佳；又一卓特之处则为善于剪裁，它抓住了要点，有力的载章，便什么都完成了。但这一切，如果没有演员的超群的演技也未必能够恰到好处。而艺术戏院的演出方法在这一点上是起了决定作用的。除此布景之为写实的而又别具匠心，亦为本剧增光不少。

十二时戏毕，回寓晚餐后即就寝。

三月三十日，星期，陰，晨霧。下午三四時後忽放陽光。

昨夜睡眠尚佳。终日在房休息並阅书報。晚六时，瑪亞来，八時去。

三月三十一日，星期一，陰。連日便秘，今日服開腸藥二片，午後連瀉二次，稍覺疲倦。上午，史君陪同伍北去看他的病牙。终日在房休息。

四月一日，星期二，陰。昨夜睡眠尚佳。终日仍不出门，在房整理筆記。

四月二日，星期三，陰。白天在房阅读书報。晚七时赴「莫斯科話劇院」看改編为劇本之「青年近衛軍」——这本是法捷也夫的長篇小說。由長篇小說改編的劇本，通常是把許多情節略去，而只依主要的故事發展的綫索，（糾結及其解決），乾乾净净编成数幕。可是「青年近衛軍」的編導者尼古拉·奥赫洛可夫却一反常規，運用了嶄新的手法。幕啓之时，我们看見台上空空洞洞的，而在台的後方却有一張稀薄紗的布作成的幕。投射在这幕上的，是鲍巴斯（剧中故事的所在地）的风景的剪影，并且随着剧中故事的发展而时时变换，有时为野外，有时为厨房，有时为市街。一面猩红的长方形的大旗，横跨舞台，轻轻高悬于半空。这红旗也像活的一样时时跟着剧中故事的发展而忽升忽降，忽卷忽舒，忽静止，忽飞扬。有时这大旗的动作表示了激昂慷慨坚毅自负的情绪，有时又表示了悲痛愤怒沉着的情绪。

至于剧中的故事并不依常规分成若干幕和若干场（景）。大体上是分幕的，但每一幕中的许多节目，（每一节目自成单位，自有起迄，故又像幕中之场或景），却是接连着演出的，而且此去彼来，十分迅速。全剧四幕共有这样的节目数打之多，舞台的每一次旋转，一方面把前一节目中的人物带走，简单布景和道具刚刚从右面转向台後，另一方面，次一节目早就从左面转出来了。这样走马灯似的一个接一个，比方说，间影来的是舞台一角的三个青年男女蹲在那里说话，（这是一个节目），这场戏尚未做完，舞台就旋转，一边在转，一边戏继续做，及至转向台侧的方，这场戏也完了，小池和那三个人物也看不见了，而公园内一棵树下一条长椅和另外二个或三个人物早已转出来了，（这是又一节目），这转到了舞台正面中居地位就不动了，让戏规规矩矩做下去，几个演员（一般的人，背景），这场戏快要完时，舞台又旋转，又旋出了第三个节目——那或者是一间山房的剖面，或者是大门前一道冬青篱笆，或者是半截街道（只用一根路灯杆就表示出来了）。如此这般，流水似的，一幕中有十来个节目。在这样流水似的演出中，那幕上的剪影就配合着时时变换，而那面横跨全台悬空的红旗也时时配合着或疾升或徐降，或剧烈地舞飞，或将舒而又敛，总之，极尽了表情之能事。

小说「青年近卫军」的故事是头绪多端的，而人物亦不少。

劉本的「青年近衛軍」自然不可能全部做寫，編導者的注意集中在幾个主要人物身上，剪裁之妙，使全劇成為渾然的整体而又確是法捷也夫的小說的舞台化。

十二时回房晚餐后即就寝。

今日決定大后天取道西伯利亞回國。因知海參崴開上海的定期■船「斯摩爾納」將于本月十九日啟程■也。明日午后須到東方大学作一次講演，題目是「中国新文学的任務」。

四月三日，星期四，陰。上午整理行李。下午一时半，赴東方語文大学講演「中国新文学的任務」。聽講者除該校中文及日文系学生外，尚有臨时来自其他文化机关■者，共約一百五六十人，（一半中約三分之一是女子）。讲后又答覆问题四五分。

晤见了曾随费靖华先生学过中文的（该校中国文学教授）宝蕊尼爱娃女士，问曾先生好，並常赠她所作论文「从莺莺传到西厢记」的印本（俄文的）一份。和宝女士及其他教授闲谈，知道他们最感困难的，是中国「五四」以后新文学的书刊所得不多，研究材料时常感缺乏系统性，例如我国抗战时期出版的重要文献书刊颇不完全，而新出版物尤其缺乏。宝女士送给我的论文虽是关于古代的，但她对于现代中国文学的知识也很丰富，她很注意数年前我们文坛上关于「民族形式」的论争及其结论。

晚七時赴「列宁康索莫尔戲院」观话劇「俄罗斯问题」。这是K·西蒙诺夫的近作，曾於去年十二月份的列宁格勒出版的文艺什志「星」发表。西蒙诺夫以前所写的几种剧本，都极受欢迎，而此次的「俄罗斯问题」是打破了全苏联剧本上演的纪录，据「全苏版权局」报告，现在已有五百家戏院请求上演，光是莫斯科就有五家，「列宁康索莫尔剧院」抢了先，其他四家陆续要将演出；这四家就是艺术戏院，玛雷戏院，瓦赫坦果夫戏院及莫斯科苏维埃戏院。

「俄罗斯问题」揭破了现在世界上以美国为主的反苏宣传的内幕，对于美国的所谓言论自由，以及所谓英美式的民主政治，对于美国反动派违背美国及世界人民利益而煽动的第三次世界大战的目的，乃至对于美国一般新闻记者的生活苦闷的心理，都有极深入而尖锐的分析与批评。这个剧本现已有两个中文译本，兹不赘。

整述劉情，—十月二十四日筆者註）。

今晚觀眾之中頗多西歐各國人士。這是在休息室中稍一留意就可感覺到的。各國外長會議尚在繼續開會，這一個多月來聚集在莫斯科的各國新聞記者據說就有一二百人之多云。

四月四日，星期五，晴。很暖和。上午十時後，請史君來陪我同我們到街上走走，帶便買些小東西帶回中國送人。天氣實在暖和，穿了駝絨裏子的大衣在街上走，一點也不覺得冷了。在中央大百貨公司內轉了一轉，便擠出一身大汗。

四時許回寓午餐後又整理行李。晚九時，葉[illegible]也來談了一小時始去。

四月五日，星期六，晴。上午十一時赴中國大使館向傅大使辭行。下午許時又與史君出外散步，並到一个手工藝品陳列會看看，買了數樣小東西。五时至VOKS向凱美諾夫会長辭行，送給一本冊，並蒙贈纪念品：列寧博物館的album和蘇联有名的Palekh美術煙盒。Palekh是地名，在十六世纪起，該地即以画神像著名，革命后，此種画法発展，有了多方面的，並作為裝飾藝術而施用於日用小物件。此道中最著名之藝人為伊凡·巴卡諾夫，尼古拉·季諾維也夫，伊凡·高列可夫，伊凡·瑪尔克乞夫等，題材所用約可分為三方面，(1)蘇联人民生活，(2)民歌及民间故事，(3)古典詩人之作品，特别是普希金，耐克拉索夫的作品，以及高尔基的浪漫主义的作品，如「鷹之歌」等。一九二四年的威尼思博覽会和以后巴黎的两次博覽会中，蘇联的此種Palekh美術品都得了獎章。

莫斯科—海参崴通車晚十点五十分開。九時許，葉以羣

也夫，史君，及VOKS又一科長，都来於館。吃过晚餐，瑪▇来。

葉君▇與人先將行李运車站。四例又帶了兩大紙箱的路菜。晚兩大使館胡濟邦秘书▇亦来，代表傅大使致送▇，並贈▇水晶印章等。

▇時一刻，同到車站，我們坐了胡秘书的車。到站後，▇VOKS副会長卡拉介諾夫携鮮

花一大束趕来送行。我因離開車尚早，請送行的諸位先回去，副会

長及胡濟邦秘书先走了，▇葉君▇他們都堅要▇候等車子開了再走。

十時五十分車開了，月明如晝，天氣很暖和，遙望萬家灯火的

莫斯科，不勝惜別之情。

四月五日，星期，陰，有小雨。車中殊暖。餐車的飯菜很好。

VOKS為我們找到兩位同伴，一路上四科▇▇夫，中校▇米海洛夫、和溝▇

通話，上校▇▇彼得羅夫，能英語。兩位▇和我們在同一臥

我们有几件行李是上行李车的，但今天搬

＊＊米海洛夫先生相告，他去行李车内问过了，因为迟了五分钟，那几件行李已没随车带走。他已经打电报到莫斯科查问并请交班下车（下站）带海参崴。

每次进膳，侍者先来问时间，关照餐车经理预留座位，我们然后再去。车，照料得非常周到。列车每到一站，又招呼我们都下去散步。车中太热，下车后在月台上走走，觉得很痛快。

四月七日，星期一，雨。空气潮闷。沿途见冰雪全已融消，大地回春，原野已多绿色。※

四月八日，星期二，晴。昨夜已过乌拉尔。今晨阳光照耀，天气更暖。倚窗遥望，平畴千里，不见冰雪。屡见小池沼，清水涟漪，小鸭成群，拍水为乐。

四月九日，星期三，晴。晨八时起身，见太阳已颇高。我们以钟，还是莫斯科时间，不知当地为何时。但愈向东走，则天晓愈早。沿途见化雪之地，一片平原，积水如沼泽。

四月十日，星期四，晴。今日所过之处，积雪尚未尽消，衰草殘雪，黃白斑駁。此天氣殊暖，車中客人皆穿單衣或夾衣。陽光頗有威力，坐太陽下稍久，就會出汗了。

四月十二日，星期五，晴。昨夜車中水汀似已停燒，夜半覺冷，起來加了毛毯。今晨八時起身，陽光仍甚好。所過之处一帶有山脈，不甚高，山上全是林木，林旁積雪多已融化，僅偶見一二白點而已。

連日車中消遣之道，一為讀「新時代」週刊，二為每次進膳時在餐車中進晚餐後，消磨約一小時的時間。雖然天亮得很早，但我們（車中所有旅客都如此）還是十時許早餐，下午二時許午餐，晚十時許晚餐。米海洛夫先生不但能說中口語，也能寫漢字甚多，寫時甚快。但他隨時還在學習。每次進餐，他隨身帶一本「中俄會話」，（那是北方話的），為我

们讲沿途的风光。有时候，或有一二语他不知如何说，
则由彼得罗夫以英语告我，而我再以中口语告诉他，那时他就要
说下来。他█生長于阿西哈巴特（土克曼共和國的京城），喜欢
讲那边的风土人情，说「阿西哈巴特」是土克曼语，意为「爱之
國」，可想而知那地方是多么美丽了。他拿出他太太的照片给我
们看，太太是很漂亮的。

彼得罗夫先生的太太也很漂亮，他也拿出她的照片来给我们看。

他有两个孩子，大的有十几岁了，都和太太们在莫斯科。彼得罗夫
说起他的孩子時，总是快乐得我手舞眼泪，他是列宁格勒人，
战时他在圍城中，█ 他喜欢谈列宁格勒及其家
庭。他们两位每到一大站，█常常去打一個「平安」電报给太太。

餐车经理（很抱歉，忘记他的名氏了），也时常加入来闲谈。他的太太在莫斯科铁匠桥街的国际书店内服务，那次我们到书店去看书，刚巧他也去看太太，所以他说他是见过我们的，不过我们没有注意到。

每次进餐，我们这一桌总是到最后才散。

四月十二日，星期六，晴。晨七时许行近贝加尔湖，注入湖中之安加拉河已开冻，晨曦下渔舟点点。八时许过贝加尔站，此后即环湖而行，经过山洞甚多。湖面积雪未镕，但岸上则已无雪。对岸高山犹戴雪帽。十一时半，环湖半周已毕，车停一小站约三十分钟，然后再行。

今日较昨日为冷，然亦在零度左右而已。

四月十三日，星期日，晴。上午十一时许，抵赤塔，天气殊暖。但风沙甚大。

四月十四日，星期一，晴。仍暖，风甚大。无边之平原上已不见一点白雪了。今日西藏天黑时间则为八时。

四月十五日，星期二，晴。今日西藏天亮时间则为四时。大风。

四月十六日，星期三，晴。晨七时許，过伯力。下午不时整理行装，因为明晨（五时）即抵海参崴了。

四月十七日，星期四，晴。晨三时听得隔房人声似在整理行李，起来一看，果然同车的人大都起来了。俄而米海诺夫来告，列车即将到埠。我们急急的拾东西，洗脸，刚刚停当，列车已进站了。米海诺夫先下车去看看有人来接否，彼得诺夫在车上陪侍我们。过一会儿，旅行社的格罗莲尼娜女士和米海诺夫又上车来，请我们先下去。格罗莲尼娜女士这次穿了春装，好像更年青了，乍见之下我竟不认得，可是她还认识她和她握手。下车后见到外交部代表密尔斯托可夫先生和另两位立陶宛的作家，（其中一位是诗人薩墨林），都是特来接的。寒喧數語，我们即赴乞留司金旅館。開了一个房间，就是上次要请我们去住而我们未去的那一个，有三具電话。

此时天尚未明。我们先洗了个澡，一心想睡三四小时再说，那里知道竟不能入睡。

九时许，杨女士来为我们安排菜单。相隔四个月，她的英语已经大有進步。我们记得上次的经验，极力叮嘱她每道菜的分量不要太多。但结果她给我们的还是吃不完。

下午一时，由杨女士相陪，拜访了喀尔斯批可夫先生。知道他已接到莫斯科来電，我们那几件大行李是在八日那班车带出的，二十日早上可到，而轮船古松是二十日午后開行。

每日风甚大，但不冷。據云一星期前当地还落了寸把厚的雪呢。

四月十八日，星期五，晴。阳光时隐时现。本将汉夫和纵伯写夫先生来道别，因为他们伴送我们已毕，要去干自己的事了。

下午二时，我同化到街上散步，约二十分钟即归。天气很和暖。

四月十九日，星期六，晴，阳光甚好。日前到车站相接的诗人尾墨林来旅馆相访。他说法语，但我只懂得法文的几个字和一句「你能不能讲英语」。相对之下，没有办法。可是我想起旅行社（即设于旅馆中）另有一位女士英语很好，于是找了她来当翻译。谈了些当地的文艺情形，他说当地作家中有一位懂中国文，可惜现时他到别处旅行去了。诗人很热情，再三叮嘱，希望中国作家和他们多通讯联系，因为「海参崴离上海很近了」。

午后二时仍和化同到街上散步。今日有小风，但很暖和。

四月二十日，星期。晨起即见天在下雨。杨女士来告，我们的大行李今天早上四点钟到埠的通车给带到了。我谢谢她为了这点事而起早。她说这是她的职务，每班通车，她总要到车站上去照料的。日来天气虽然不冷，可是她已经在室内穿了绒的衣服，出外时亦不过加一件薄呢大衣。

十二时上轮船，十时早餐，此时斜风细雨，天气突然变冷。在船上杨女士送我们客厅内见到了船长彭达连科先生，握手道故。彭寿膳和餐室的服务员都是原人，见面都觉得很亲切。俄国喀先生亦上船来送行。

午后二时开船，徐徐驶出港口，海鸥成群，绕船飞翔。我走到船舷上把着海岸线渐渐远去，直到不见。

海鸥两翼是淡灰色，身体雪白，尾有黑线一道，两翼肉呆呆地和一般禽类的不大相同。停水面时，远看像鸭。飞翔时甚为好看。但鸣声沉闷，不如其形之美。

午后三时，船进朝鲜北部一小港，停泊过夜。这为的是避风。船上旅客很少。头等舱客人共仅七八人，除了我们二人，还有两个美国人，带着“外交邮袋”，时刻不离身。此外的旅客就都是苏联人了。二等舱似乎全部空着。

四月二十日，星期一，晴。昨夜船上水汀太热，甚至毛毯亦盖不上身。我们是开了窗睡觉的。但今晨在甲板上散步，又觉晓风颇有寒意。

午后三时开船。在吸烟室遇到船长，他说，天气好了，二十五日可到上海。

四月二十二日，星期二，晴。昨夜略有风浪，未能安眠。为了预防，我们需将各物安置妥当，那把椅子也要綑在床架与洗脸盆架之间。今晨船身颠簸仍很剧烈，阳光甚好，遥望海面，水天一片，不知到了何处。九时早餐后，因为昨夜少睡，躺在床上不知不觉就睡着了，一觉醒来，已十一时。十二时午餐后索性再睡，四时醒。这样是把昨夜欠缺的睡眠都补足了。

四月二十三日，星期三，晴。昨夜风平浪静，睡甚酣。今晨四时许醒来，不想再睡了，打算看看海上日出的美景。五时许，天空现鱼肚白，六时左右，但直到六时三十分始见日出。最初是一月牙，其后渐大，约十分钟，已现全身，其色深红，如浮水面，如在滑走，然后渐高，而其色亦由深红变为刺目之金光矣。今晨有薄雲，故日出时仅有少许霞光，且非輻射，而如绛帛，横悬海上，初为浅红，后转为金黄与浅绿两色，金黄在上。

四月二十四日，星期四，陰，仅早晨有陽光。风平浪静，明日可到上海，但不知何时进口耳。今天船上的鐘比昨天又撥回了一小时光景，我想这是和上海的时间渐渐要一致起来了。

四月二十五日，星期五，晴。晨八时隐隐已见陸地，想来这或若是崇明。天际有薄雲。

早餐后，船上员工即加紧揩拭所有的玻璃窗，并在各处打扫。下午三时进了吴淞口。上海呵，我又回来了。

如果「斯摩卡納」代表着蘇聯社會，那麼，四个半月的蘇聯游覽，到了今天，這才告一結束了。

領北望，我祝福蘇聯人民，祝福我去蘇聯各处游覽時遇見的文化界的朋友。

大約是五時許，船到了海關碼頭江面。看見碼頭上一大群朋友在等待，我激動得呼吸急促起来了。啊，我又回来了，回来了！又高興，又惆悵，不知是什麼味兒。……

（全文完）

图书在版编目（CIP）数据

茅盾珍档手迹：游苏日记 / 桐乡市档案局（馆）编. 杭州：浙江大学出版社，2007. 11

ISBN 978-7-308-05637-3

Ⅰ. 茅… Ⅱ. 桐… Ⅲ. ①茅盾（1896~1982）–手稿 ②茅盾（1896~1982）–日记 Ⅳ. K825. 6

中国版本图书馆 CIP 数据核字（2007）第 166923 号

【茅盾珍档手迹】

游苏日记

茅 盾 著

桐乡市档案局（馆）编

丛书策划 徐有智 季 峥

责任编辑 王 镨

装帧设计 刘依群

出版发行 浙江大学出版社

（杭州天目山路148号 邮政编码310028）

（E-mail：zupress@mail.hz.zj.cn）

（网址：http://www.zjupress.com）

排　　版 浙江大学出版社电脑排版中心

印　　刷 浙江印刷集团有限公司

开　　本 889mm×1194mm 1/16

印　　张 19

字　　数 453千

版 印 次 2007年11月第 1 版 2007年11月第 1 次印刷

印　　数 0001—3000

书　　号 ISBN 978-7-308-05637-3

定　　价 60.00元
